JN062590

ようこそ 伝統芸能の世界
〈伝承者に聞く技と心〉

森田ゆい

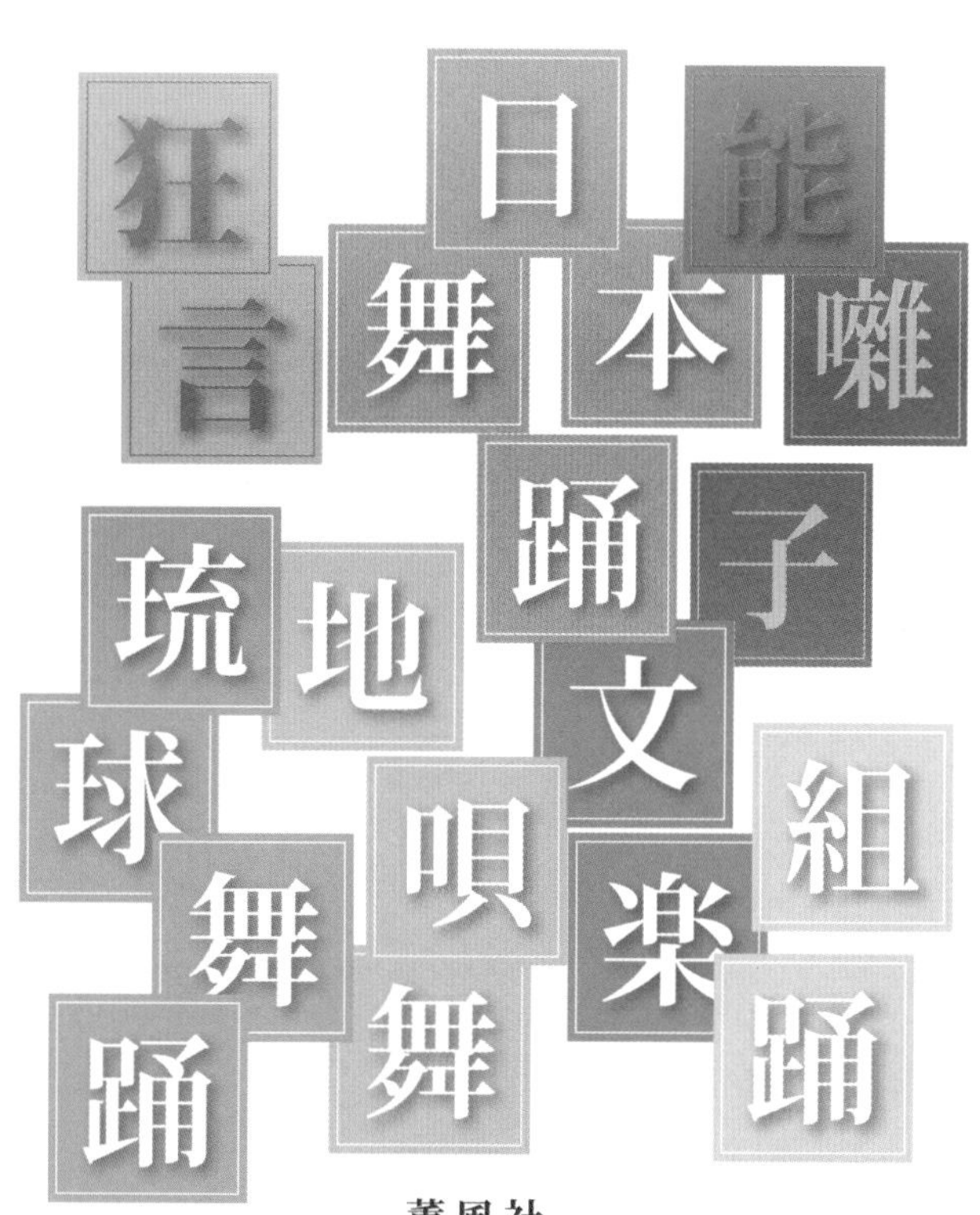

薫風社

能

六五〇年の歴史を持つ。『源氏物語』など古典文学を題材にした作品が多くあり、文楽、歌舞伎、組踊など後代の芸能に大きな影響を与えている。専用の劇場である能舞台で上演される。面をかけることが多く、すり足のハコビをはじめとした様式化された所作で演じられる。

『羽衣（はごろも）』｜関根祥雪

能を代表する人気曲。日本各地、中国、韓国にも残る羽衣伝説を元にした作品。羽衣を着た天女が舞を披露し、天に舞い昇る。

撮影：神田佳明

能

『石橋』(しゃっきょう)｜関根祥人・関根祥丸

歌舞伎『連獅子』の元となる作品。親獅子（白）と子獅子（赤）が紅白の牡丹に戯れつつ、豪壮な舞を舞う。

囃子

小鼓　大倉源次郎

『八島（やしま）』｜櫻間金記

撮影：前島吉裕

『平家物語』を題材とした作品。源義経が幽霊となって現れ、屋島の合戦を語り、激戦のていを見せる。

撮影：神田佳明

能は歌舞劇であり、囃子は重要な役割を担っている。笛（能管）、小鼓、大鼓、太鼓の四種類の楽器からなるが、写真は小鼓の演奏。

写真：DVDより

狂言

能と同時期に成立した。主に対話による台詞劇で、様式化された所作で演じられる。時代を超えたありのままの人間の姿が、なごやかな笑いに包んで表現される。

撮影：神田佳明

『宗論（しゅうろん）』｜山本東次郎・山本凜太郎

浄土僧と法華僧が自分の宗派こそ正しいと激論する。最後にはどちらも釈迦の教えに変わりはないと悟る作品。

撮影：神田佳明

『船渡聟（ふなわたしむこ）』｜山本東次郎・山本則秀

聟（むこ）入りする男が酒樽をみやげに携え舅の家へ挨拶に行く途中の船で酒好きの船頭と出会う。船上の酒盛り、船頭の竿を扱う所作なども見どころ。

撮影：川辺章生

めいぼくせんだいはぎ
『伽羅先代萩』｜竹本錣太夫・鶴澤寛太郎

伊達藩で実際に起こった騒動を元に、鎌倉時代に設定を変えて作られた作品。

文

太夫、三味線、人形が一体となって上演される芸能。成立は江戸時代初期にさかのぼる。忠義、親子、恋などをテーマに義理人情の世界が濃密に描かれる。一人で何役をも語り分ける太夫の語りの技、太棹三味線一本で情景や心情を表す三味線、一体の人形を三人で遣う精緻な人形の表現で演じられる。

めいぼくせんだいはぎ
『伽羅先代萩』｜吉田勘彌

若君の乳母である政岡が、母の忠義にならい命を落とした我が子・千松の亡骸と対面する場面。

撮影：川辺章生

日本

江戸時代から四〇〇年近い歴史を持つ。歌詞をもとに振り付けられた踊り。鬘、化粧、衣装、舞台背景、小道具などを用いて作品の世界を表現する芸能。時に踊り手は、一曲の中で何人もの役柄を踊り分ける。

『傀儡師（かいらいし）』｜西川扇藏

人形遣いの役。子どもたちに人形劇を見せる内容だが、踊り手は途中からさまざまな人形となって多くの役柄を踊り分ける。写真は鬘や衣装を用いない素踊りの形式。

写真：宗家西川流提供

舞踊

『梅道成寺（うめどうじょうじ）』　西川祐子

能『道成寺』を題材に日本舞踊作品に作りかえた道成寺物と呼ばれるジャンルの一曲。

写真：宗家西川流提供

写真：神崎貴加江提供

地唄舞

三味線と裏声を使わず地声で歌う地唄の音楽に合わせて舞う。女性の恋心の機微をしっとりと舞う作品が多いが、能を踏まえた曲では激しい動きのものもある。江戸時代中期に生まれ、主に京阪の座敷で舞い継がれてきた。

『雪（ゆき）』｜神崎貴加江

地唄舞を代表する一曲。雪の降る夜に出家した芸妓が終わった恋を思い出して舞う。艶物と呼ばれるジャンルの作品。

写真：宮城能鳳提供

『銘苅子（めかるし）』　宮城能鳳

玉城朝薫作。能楽の『羽衣』と比較できる作品。天女の役。

組踊

三〇〇年の歴史を持つ。唱え（台詞）、音楽、舞踊で構成される歌舞劇。沖縄が琉球王朝であった時代に創作され、王府の賓客をもてなす宴で上演された。台詞は、沖縄の古語で定型のリズムと音階で語られる。歩行は、歩み（すり足）で演じられる。

写真：国立劇場おきなわ提供

組踊

『執心鐘入（しゅうしんかねいり）』｜新垣悟

玉城朝薫作。能楽の『道成寺』の影響を持つ作品。美少年若松の役。

『瓦屋（からやー）』｜志田房子

古典舞踊（女踊り）。月見手という月を眺める所作が入り別名「月見踊り」とも言われる。

琉球舞踊

写真：沖縄タイムス提供

琉球舞踊

古典舞踊は格調高いゆったりとした歌三線の音楽に合わせて、紅型の華やかな衣装で踊られる。用いられる花笠には、波の模様が入っている。頭に挿す花は椿か牡丹。組踊成立前からの歴史を持ち、明治維新後には庶民の暮らしをテーマにした雑踊が生まれた。

『伊野波節（ぬふぁぶし）』｜志田真木

古典舞踊（女踊り）の代表的な作品。大輪の花笠を巧みに扱い恋情を表現する。

写真：国立劇場おきなわ提供

ようこそ
伝統芸能の世界

伝承者に聞く技と心

森田ゆい

薫風社

はじめに

日本の伝統芸能についての講義を担当して十三年が経ちました。この間に、伝統芸能に関する学生たちの興味の持ち方が随分と変化してきているのを感じます。自分たちの祖父母が楽しむもの、という感覚から、外国の芸能と同様に初めて出会うものとなり、先入観を持たずに自分の感覚でその魅力を掴む学生が増えてきたように思います。授業の一環で学生たちと舞台鑑賞に行く機会があるのですが、その際に彼らの素朴な疑問にハッとさせられることが多々ありました。

「何のために伝統芸能はあるのですか？」

「現代の私たちにもわかりますか？　何か役に立ちますか？」

「伝統芸能をやっている人たちはどんな人たちなんですか？」というような疑問です。

伝統芸能に限らず日本文化に関する入門書や解説書は多く出版されていますが、彼らの素朴な疑問に答えるような書籍はあまり見られないことに気が付きました。そこで伝承者の先生方に、それぞれの芸能の魅力や、技の習得についてのお話をお聞きすると同時に、「伝統芸能が何のために存在しているのか」というような伝承されてきた意味に迫るようなお考えについても伺い、書籍としてまとめてみようと考えました。

本書は伝承者の言葉にスポットを当て、日本の伝統芸能のうち、能楽からシテ方・狂言方・囃子方、文楽から太夫・三味線・人形、日本舞踊（歌舞伎舞踊）、地唄舞、組踊、琉球舞踊のトップレベルと若手を代表する伝承者十三名にインタビューを行い、その内容をまとめたものです。研究報告では、筆者らが計測実験を行った伝承者の技に関する研究結果の一部を紹介しました。

また、本づくりを進める中で、実際に伝承者の言葉が見聞きできる動画が欲しいということになり、解説動画を制作し、ＤＶＤで付属させました。

一生をかけて日々精進を重ねる伝承者たちの言葉を通して伝承の世界、技と心、伝統芸能の世界を堪能いただけましたらうれしく存じます。

〈目次〉

能楽
シテ方

関根家所蔵能面癋見(べしみ)・般若

能楽 シテ方
関根祥雪（前名 祥六）

1930年
能楽師・関根隆助の十一人兄弟の末子六男、として生まれる
2歳 父逝去
4歳 初舞台 兄直孝に稽古を受ける
15歳 兄の多忙により代稽古を務めはじめる
20歳 二十五世観世宗家観世元正に入門。初シテ
25歳 独立を許される
32歳 長男祥人が初舞台4歳
72歳 関根家三代のドキュメンタリー映画『能楽師』に出演
86歳 逝去（2017年）

能の解説

六五〇年程前から伝わる歌舞劇。謡と囃子と舞および所作で演じられる。日本を代表する芸能の一つで、後に成立した文楽、歌舞伎、組踊をはじめとした芸能に大きな影響を与えている。ユネスコの世界無形文化遺産に日本で最初に登録された。

頻繁に演じられる演目は約二〇〇番あるが、それらは主人公の役柄によって神・男・女・狂・鬼（別の言い方で脇能・修羅能・鬘物・狂物／雑能・鬼能／切能とも）の五種類に区分される。基本的に男性の能楽師が能面をかけて演じる。室町期の能役者で、能の劇作家およびプロデューサーに観阿弥と世阿弥親子がいる。このうち世阿弥は、幽霊や草木の精霊などが主人公を演じる複式夢幻能形式を完成させた。また幽玄を一つの理想の概念として挙げ、演じる上での理論などを数々の伝書に残した。

動きの演技は「構え」と呼ばれる基本姿勢と「ハコビ」と呼ばれるすり足歩行が基本であり、かつ最も大切とされる。能はハコビの芸術とも言われ、その速度やリズムによって喜怒哀楽も表現する。

シテ方は、主役とストーリーテラー役の地謡を担当する専門職である。

◉受賞歴

１９９６年（66歳）
紫綬褒章受賞

２００２年（72歳）
日本芸術院賞受賞

２０１０年（80歳）
旭日小綬章受章

２０１６年（86歳）
観世流において名誉ある「雪」号を賜る

右：写真集『芸三代　心を種として―能楽師関根祥六・祥人・祥丸』（小学館スクウェア、2009年刊）
左：田中千代子監督によるドキュメンタリー映画『能楽師』（2003年劇場公開）DVD

修行、伝承に関するエピソード

—先生は、幼少の頃はお兄様を師匠として修行を受けたそうですが、どのようなお稽古だったのですか？

　パンツ一つの裸になって稽古を受けたこともあったよ。構えが正しく構えられているか、確かめられながら稽古をしたんだよ。兄はとても厳しかったけれども、手を挙げられるようなことはなかった。ただ、囃子の稽古を囃子方の先生から受けていて、そちらの師匠から物を投げられたことなどはあったけれどもね。

—息子さんへの稽古でのエピソードなどございますか？

息子の祥人[注1]が、四歳で初めて子方[*2]で舞台に出る時のリハーサルで、もじもじしたことがあったんだよ。

　そこでリハーサルで舞台が演じられている途中に、舞台から引きずり降ろして「きちんと（じっと動かずに）座れるか」「はい」「もし動いたら家に入れないぞ」と伝えて舞台に戻した。そうしたら本番で彼はみじんも動かなかったんだよ。これを見て、（息子を）すごい奴だなと思ったし、もの凄くうれしかったね。

基本的に父は厳しく、母は褒めて育てるようにしました。

能の舞台に立つということは、厳しいが「そういうものだ」と理解させる育て方をすることが大切だと思う。

厳しさとはそういうもの。というようにね。ただし暴力的にはしなかったけれども。

能がわかったと感じたエピソード

―修行の過程で何か大きな変化を感じたエピソードはございますか？

子どもの頃、師匠の兄から帰宅途中で見た「柳の葉が何で動いているのか」と質問されたことがあったんだよ。「風ですか」と答えたら「そうだ」と言われた。続いて「風が見えるかな」と聞かれて、心は見えないぞ、ということにハッと気が付き、そういう目に見えないものを種としているのが能だな、と理解したんだよね。

兄の教え方はこのような教え方。兄からさまざま教わっていたことと世阿弥の『花伝書』[*3]にある言葉とを照らし合わせて、さまざまに繋ぎ合わせて能の理解を深めました。毎日照らし合わせて確かめてゆく時期がありましたよ。

三十歳ぐらいの時、無心で演じることを目指すことをスタートさせたんです。

右：4歳、仕舞『老松』にて初舞台（S）
左：20歳、『小袖曽我』にて初シテ（S）

ある時に作品『羽衣』の謡を謡って謡って謡いまくって熱心に稽古をしてその音声を録音したことがあったんだよ。それでどんな仕上がりかなと聞いてみたら、いい声だけれども役の天人が謡っているのではなくて、「関根祥六（当時の名前）」が謡っている、というように聞こえたんだ。天人の役がどこかへ行ってしまっているように感じたんだよね。

そこで、演じる際に自我が消え失せると天人が現れるのではないか、と考えた。この時が三十歳ぐらいだけれども、それ以降自我を消すように努力をしました。……実際に自我を消せるようになるには何十年もかかった。でもその時期を通り過ぎ、八十五歳の今では自然体で無になれるようになりました。今ではわざわざ無になろうとも思わないよ。

能はどのように演じるもの？

―能はどのように演じるものなのでしょうか？

役の心に合わせて最初から謡の節や舞の型が六五〇年かけて洗練されて定められている。だから節や型をただひたすらにやるのが能。

上手くやろうと思いながら演じるのはダメなんだよ。

般若の面の使い方を教えてくださる

人にどのように見てもらいたいか、考えながら演じるのはダメ。ただひたすらにやる。その結果、曲がもつテーマに関連してお客様に何かを感じていただくんだよ。

—謡の節と舞の型についてもう少し詳しく教えてください。

節とはメロディ。言葉と音楽的なリズム、言葉のアクセント、音程の変化、謡い方。型とは動き全般。所作[*4]とも言うね。

節は、曲の表現にある心・思い。型は、演じ手の気合い・呼吸とも言える。謡と舞をただひたすらにやることで能舞台が作品の空間や場所、その時代に変化するんだよ。

節と型を作ってから心を入れるというやり方をする能楽師がいるが、ひたすらに型と謡の節を行っていれば自然と心が生まれるんだ。謡の節を正しく謡えるからＯＫという理解では全くダメで、なぜそのような節になっているのかということを感じながら節を謡わなければならない。

—最終的に目指すところは、どんな演技なのでしょうか?

なるべく動かずに演じることだね。仏像や絵画は動かずとも人の心を動かすでしょう。動きがなくても伝わるものがあるということでしょう。

能の基本の動き

□**構え（基本姿勢）**

背筋を伸ばし、腰を伸ばし、首を後ろに引き、顎を下にひく。耳を後ろに下げるイメージ。上半身は常に上から引っ張られ、頭の脳天は後ろ四五度に引っ張られているイメージ。腰から下は地面に引っ付き引っ張られ、上半身と下半身とで引っ張り合う。四方八方から引っ張られる中、引き戻しているイメージでテンションの高い身体。

腕の位置は、骨格や腕の長さによって一人ひとり理想の形は異なる。

□**ハコビ（歩行）**

跳躍などの例外を除き、移動は全てすり足で行われる。足は下の板を削るように、前に出そうと思っても後ろから抵抗を感じながら前に一歩出すイメージ。つま先を上げるのは、腰を乗せる（重心を移動させる）予備動作。つま先を下ろしたら、下ろした側の足に体重移動を完了させる。下ろす時に踵を上げてはいけない。反対側の足も同様に進める。

能の代表的な作品『羽衣』
祥雪師の気品が漂う演目（S）

重心移動をスムーズにし、上下動、左右動なく一定に腰を前に進めるハコビができる人が上級者。速く動いても、ゆっくり動いても重心移動がスムーズに行くのがプロフェッショナルな演者。ハコビがしっかりしていれば、手はそえるだけで良い。

□手の動き

水の中で抵抗を感じながら動くようなイメージで、常に抵抗する力を感じながら動かす。

達人になると

①身体の芯のみがしなやかに固定され、余分な力が一切抜けたような身体づかいになってゆく。

②細分化された身体づかいになってゆく。動かさない部分と動かす部分の切り替えが細かくなる。

③なるべく動かない身体を志向してゆく。敢えて何もしない間（ま）を作ることで表現を作ることもある。

メッセージ

―初めて能を見る人はどのように観賞すれば楽しめますか？

能の種類に主役が神様・男性・女性・狂った人・鬼（人間以外の存在）という分類がある。その分類と共にどのようなテーマの作品であるかを予備知識として持ち、あとは舞台から感じてもらうのが良いと思う。人間としての普遍的なテーマ、親子、男女、師弟、同志などの愛情、憎しみ、悲しみなどをテーマとしているので、それらのテーマを理解した上で感じていただければ、どこの国の方であろうと楽しんでいただける芸能です。

―最後に改めて能とはどんな芸能ですか？

六五〇年前から洗練され、余計なものをそぎ落とし、一番良い形に時間をかけて作られて来たもの。世阿弥の「秘すれば花」*5という言葉があるが、それは、観客に魅せようと思ったならば、自我を無にして魅せようとするな、という意味。ひたすらに曲の謡と型を追求することで、お客様に何かを感じ取ってもらう芸能だと思っています。

（インタビュー　二〇一五年六月一日　関根家稽古場にて）

〈能楽シテ方　関根祥雪〉

＊1：関根祥人　祥雪の長男で、三十九歳の時に文化庁芸術祭で新人賞を受賞するなど（あまりに素晴らしい舞台を舞ったので、この年に新人賞が新しく創設され、第一号で受賞）前途有望な能楽師であったが、五十歳の時に急逝した。

＊2：子方　能の作品で子どもが演じる役を担当する専門職の名前。短い時間セリフを言ったり、動いたりした後、三〇分～一時間ほど舞台上でひたすら片膝を立てて座っていなければならない。子どもにとって座って動かず姿勢を維持することは大変な苦痛を伴う。

＊3：『風姿花伝』通称『花伝書』。世阿弥が著した最初の能楽論書。演出や演技についてのみならず役者の年齢に合わせた修行や工夫の在り方などについても論じている。観客が喜ぶ役者の魅力を「花」に例え、花を咲かせる工夫を自身の体験を元に論じている。現在においても広くさまざまなジャンルに影響を与えている世阿弥著の代表的な書。

＊4：所作　能楽（能と狂言）における動きの最小単位。一つ一つに名称が付いている。能楽の動きの演技は、所作をつなぎ合わせて成立している。

＊5：秘すれば花　世阿弥著『風姿花伝』第七別紙口伝に書かれた言葉。「秘スレバ花、秘セネバ花ナルベカラズ」と記されている。

インタビュー時は 85 歳、
闊達なお話しぶりに感銘を受けた

能楽
狂言方

木賊色地錨ニ立浪模様肩衣（KY）

能楽　狂言方
山本東次郎

『素袍落』（太郎冠者）撮影：神田佳明

1937年
三世山本東次郎の長男として生まれる
5歳　初舞台　前名・則寿
27歳　父三世山本東次郎逝去
38歳　四世山本東次郎を襲名

狂言の解説

狂言のルーツをたどると、能と同様に奈良時代に中国より渡来した散楽に至るとされる。散楽はその後、田楽などさまざまな芸能を取り入れながら物語性をもつ猿楽に発展したが、そのうち滑稽な物まねが狂言に、歌や舞の要素は能に分化していったと考えられている。能が歌舞劇であるのに対して、狂言は主に対話による台詞劇である。中世の風俗を伝える庶民が多く登場し、美化されない、ありのままの人間の姿がなごやかな笑いに包んで演じられる。

台詞、動き、すべては「型」という様式によって演じられ、それらは謡と舞を基本としている。能と比べると滑ったり転んだりというような具体的、写実的な表現がなされるが、それらも全て様式（型）に則って演じられる。

修行、伝承に関するエピソード

―先生はお父さまのお稽古が厳しかったと著書でもお書きになられていますが、どんなお稽古だったのでしょうか？

●受賞歴
１９９２年（55歳）芸術選奨文部大臣賞受賞
１９９４年（57歳）観世寿夫記念法政大学能楽賞受賞
１９９８年（61歳）紫綬褒章受章
２００１年（64歳）エクソンモービル音楽賞受賞
２００７年（70歳）日本芸術院賞受賞
２０１２年（75歳）重要無形文化財各個指定保持者（人間国宝）に認定
２０１７年（80歳）日本芸術院会員

●出版物
『狂言のことだま』玉川大学出版部、『中高生のための狂言入門』平凡社
DVD『山本東次郎家の狂言』日本伝統文化振興財団など

稽古はじめは四歳の誕生日。この日に新しい足袋、着物、帯、袴を着せてもらったこと、父の改まった様子など、その時のことは鮮明に覚えています。それまで自由に遊ばせてもらっていた家の舞台が、その日から別の意味を持つようになりました。稽古が始まったばかりの頃は、父は怒ることもなく、丁寧に教えてくれました。

最初の一年間は小舞[注1]の稽古をして、次に『痿痺（しびり）』という短い狂言の稽古を始め、初舞台は一年半後の『痿痺』でした。この間に小舞二十二番のうち三分の一ぐらいは覚えていました。

戦争中も昭和一九年（七歳）の夏ぐらいまでは学校に通って、帰れば稽古という普通の状態だったのですが、戦争が激しくなるに従って父も舞台公演が少なくなって時間があったので、稽古はむしろ通常時よりも多くなったんです。

稽古の思い出

昭和二〇年三月（七歳）の雪がしんしんと降り積もる寒い日のことですが、B29の爆弾が爆音を鳴り響かせて落ち、衝撃で地面が揺れて大変なことになっている最中、小舞『景清』の稽古を受けていました。その日の稽古が忘れられないのは、父に不思議な気迫と悲壮感を感じたんですよね。おそらくその時、父は「最

東次郎5歳
稽古を始めて
間もない頃
（Y）

後の最後まで俺は息子にこうやって稽古をしていて、死んでいくのだから、それならご先祖様に申し訳が立つ」と思っていたのではないかと思うのですが、父が全身全霊を込めて自分に何かを「伝えている」らしいことを子ども心にも感じ取ったんです。稽古を終えて家の方に戻った時に、母があたたかい饅頭を僕の冷え切った手の平にのせてくれ、父親と母親の存在の違いみたいなものを感じたことも印象深く残っています。

それから三月十日の大空襲があって、さすがに東京にいては皆、死んでしまうと思ったのでしょう。四月に姉（晁子）と弟（則直）と一緒に疎開に出されました。筑波にある母の姉の家で終戦になるまでの五ヵ月間を過ごしたのですが、田舎の自然の中で自由を満喫してしまいました。

それで終戦となり、東京へ戻って稽古を再開しましたらば、疎開に行く前には完全に覚えていたはずのものが、まだらにしか覚えていない状態になっていたんです。それで父は焦ったのでしょう、それ以降は稽古が厳しく激しくなったんですね。一度教わったものを一週間後、一ヵ月後に稽古をされて、覚えていないと容赦なく叱られました。稽古の時間も一日に三、四時間と長くなっていきました。

私は蝶の採集の趣味があるのですが、そのきっかけもこの頃です。小学校の三年生の時だったと思いますが、夏休み、猛烈な稽古の最中、舞台から見える庭をゆったりと飛んでいく蝶を見て「人間の僕がこんなに束縛を受けているのに、蝶はな

『附子』東次郎の太郎冠者（右）と弟則直の次郎冠者（左）（Y）

んて優雅で自由なんだろう」「この蝶を追いかけて行ったら、遥か彼方に楽園があるのではないか」と憧れを持ったことがきっかけなんです。

継承する覚悟

―そのような厳しいお稽古に立ち向かわれて、狂言をやめようと思われたことはなかったのですか？

ありますす。（笑）高校生の時ですが、狂言をやめたいと思ったことがありました。「男が一生をかけてやる仕事だろうか」と悩んだんです。思い切って父に「やめたいと思う」と言うと、いつもは怖い父がなぜか怒らず、「わかった。だが、やめるならお墓へ行って、ご先祖様に報告して来い」と言ったんです。

それで菩提寺に行きまして、うちの墓を見ていたら、多くのご先祖様の名前が彫ってありますよね。それを見ていたら、こんなに大勢の人たちが必死で狂言を守り続け、受け継いで来たんだ、それを自分一人のわがままでやめてしまっていいのかと考えるうちに「一生をかけるに足るものがある」と思えてきたんです。

それで前言を翻すのは悔しかったけれども、父に「やはり続けさせてください」

と頭を下げました。そんなことがありました。

狂言とはどういうものか

—狂言はよく喜劇と言われますが、山本家の狂言を拝見すると、単純な喜劇ではないように感じます。先生は狂言とはどういうものだとお考えなのでしょうか?

狂言は人間の愚かしさを描く心理劇だと思っていますが、さまざまな失敗を面白おかしく、時にはすべったり転んだりしながらお見せしています。狂言は、決して事件を描きません。事件にした方がドラマチックになって、わかりやすいはずなんだけれども、まだ事件になる手前の部分でお見せすることで、どなたの身にも起こりうることとしているんです。

また、愚かしさを見せながらも、それを暴露したり、糾弾したり、責任を取らせたりといったことはしないんです。人間は善きものという、人間賛歌の思想があるんだと思うんですね。失敗ばかりして駄目なんだけれども、それでも人間っていいものだよ。皆がそうなんだから、お互いに許し合い、認め合っていけばいいではないか。そうしたら、もっと穏やかでゆったりとした世の中になるでしょう。狂言はもめ事をお見せしますが、究極の平和主義

三世東次郎が記していた則寿（現・東次郎）の稽古記録（D）

なんです。

―先生は狂言を演じる時に観ているお客様を笑わせようと思われるのでしょうか？

笑わせようとは思っていません。笑いは結果でしかないのです。笑いというのは危険なもので、お客様に受けると思うと、ついつい過剰な演技になって崩れていってしまう。そうなったら、最早、狂言ではないのです。その時に支えになるのが、舞と謡の基本。そこで培ったものがあるから、能舞台で演じる狂言ができるんです。

狂言の基本の演技

狂言を演じる能舞台は、三間四方と決まっています。非常に小さな空間ですが、その制約の中で、むしろそれを逆手にとって、そこに無いものをもお見せしようとするんです。時間や空間を超え、あるいは省略し、真に大事なことだけを描き出す。そのために「型」という様式で演じるのですが、すべてが厳格に決められていて、寸分の狂いがあってもいけません。

そうしなければ型が生きてこないからです。子どもの頃から厳しく稽古され

狂言小舞『七つに成る子』
（ＫＡ）

るのはそのためです。

能・狂言の基本の立ち方を「構え」と言いますが、上半身は垂直のまま、腰をしっかりと安定させ、爪先にぐっと力を入れて、全身全霊を込めて前方に向かっていく形です。それは全エネルギーを観客に傾けるということです。

狂言は台詞劇と言われますが、基本は能と同じく「謡」と「舞」です。失敗をお見せすることが多いので、泣いたり笑ったり、あるいは大声で怒ったりもしますが、その基本が「謡」にあれば、過剰な演技にはなりません。また、すべったり転んだりという動作も「舞」によって培われた身体の動きが基本にあるので、見苦しくはなりません。どのような時にも能舞台に相応しい品位と格調を持って演じること、それは観客に対する最大の礼節だと思っています。

達人になると

能・狂言の世界は、勝ち負けや優劣が誰の目にも明瞭に見えるスポーツなどとは違いますし、これでいいという到達点もないので、「達人」という概念はないと思います。ただ、「名人」と言われた方々は確かにおいでになりました。皆、明治生まれの大先輩です。それらの方々に共通して言えるのは、良い師匠のもとで、その教えをひたすら守り続け、努力を積み重ねた結果、ある時、当の本人はまったく意識しないところで、観客の心に生涯忘れることがないと思えるほど深い感銘を与える舞台をなさっていたということです。

能・狂言は「自分」を表現する芸術ではなく、自我意識を否定し、抑制するものです。厳しい稽古を克服したことによって身につけたものが舞台の蓄え、裏付けとなって、曲を演ずる時に安心感につながっていると思います。「師の跡を求めず、師の求めたるところを求めよ」という言葉の意味を突き詰めて考えれば、智慧は未来につながっていくと信じています。

メッセージ

―初めて狂言を見る人はどのように鑑賞すればよいでしょうか？

昔の言葉や、独特のセリフ回しが馴染みにくいと感じるかもしれません。けれど、狂言が描いているのは現代の私たちの身の回りで起こっている出来事と何ら変わりないのです。人と人とのいざこざ、見栄を張って失敗したり、誰にもあてはまるような内容です。

狂言は言葉を削り込み、そぎ落とし、最小限の表現でしか演じないので、最初はすぐに身近な事柄とつながらないかもしれません。けれども、その点と点をつなげて線にできるようになると、見ている人誰もが自分自身のこととして、それぞれの日常的な出来事につながっていくのではないかと思います。

狂言をよくご覧くださっているお客様から「日常の人間関係の中で感じる怒りや悲しい気持ちを、狂言を鑑賞することによって、もう一つ大きな視点から見られるようになり、大らかな気持ちに転換することができたり、最後は笑ってしまえるようになれることが狂言の魅力だ」とおっしゃっていただいたことがあります。そんな時は、ほんとうにうれしいですね。

―最後に狂言は何のために存在していると思いますか？

人はいつの世でも新しいものが好きな一方、変わることのない心のよりどころも欲しいものではないかと思います。古典は普遍的な精神を伝えるものですので、古典芸能を受け継ぐ私たちがその土台や足がかりを守ること、これは大きな使命だと考えています。

また、今の時代は横のつながりが薄くなって、孤独を感じている人が多いような気がするんです。古典は過去から未来への縦の線でつながっているものですから、孤独な人たちも、この縦の線の中に自分の居所を見つけることができたら、ずいぶん心が楽になって救われるのではないでしょうか。狂言にとって

穏やかに力強く語る（D）

一番大切なことは「祝言」で、皆の幸せを願っているということだと思います。

（インタビュー　二〇一六年三月一四日　杉並能楽堂にて）

＊1：小舞　一分半から三分程度の短い舞で、狂言の身体技法の基本を小舞二十二曲の稽古から身に付ける。狂言の演目の中で部分的に舞われるものもある。山本家では独立して舞台で舞われることが多い。

＊2：所作　能のページ注釈4参照

能楽

囃子方　小鼓

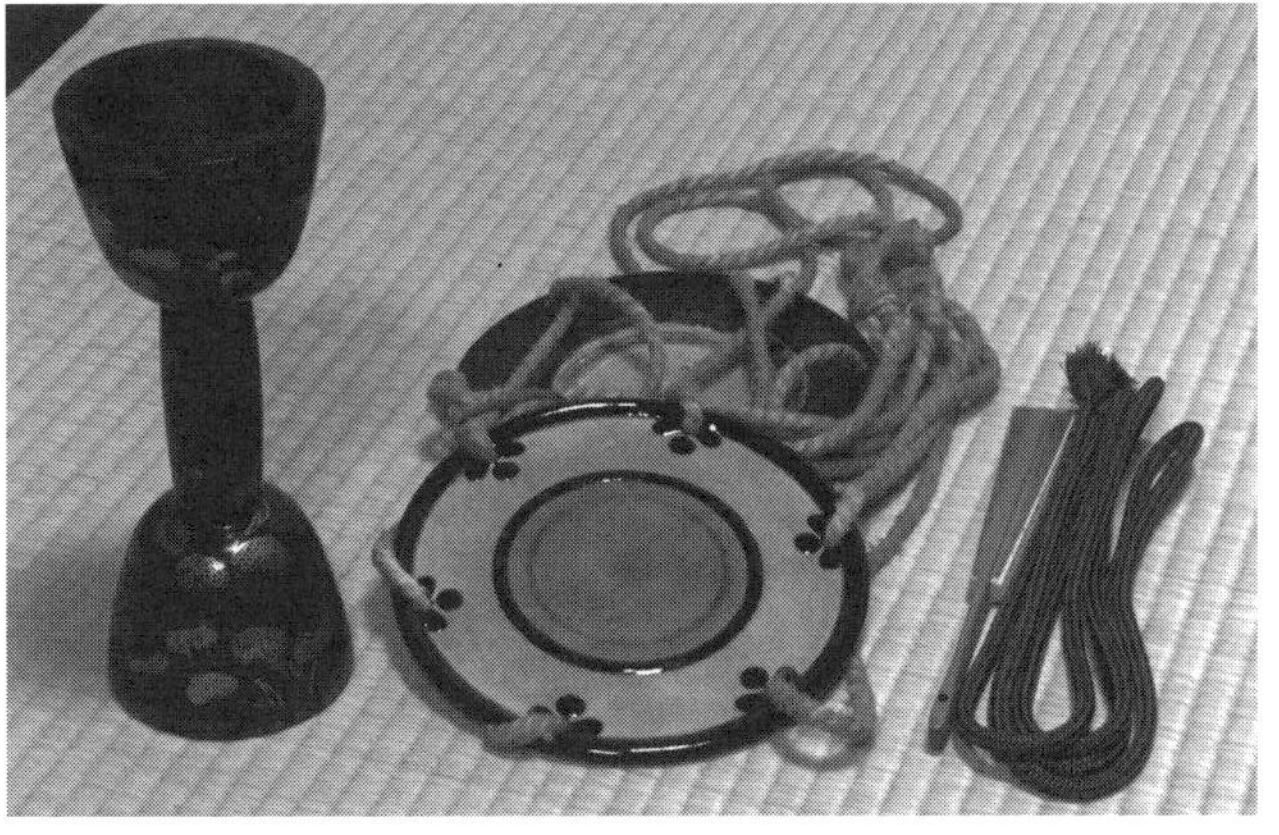

小鼓は演奏のたびに組み立てられる(D)

能楽　囃子方　小鼓
大倉源次郎

1957年　能楽師・小鼓方大倉流十五世宗家大倉長十郎の二男として生まれる
7歳　初舞台
28歳　父の死去により十六世宗家を継承

能の囃子の解説

平安中期（約千年前）から続くひな祭りで飾る江戸雛飾りに五人囃子があるが、この五人囃子は能楽の演奏を行っている人形である。右から謡を謡う人、笛（能管）、小鼓、大鼓、太鼓の人形が配置されるが、能舞台においても同様に右から笛、小鼓、大鼓、太鼓が並んで演奏する。この配置は、音の出る位置の高低の順となっている。楽器は全て天然素材から作られ、鼓は演奏のたびにその日の天気、温度、湿度に合わせて二枚の皮と胴とを麻の紐でつないで組み立てる。

小鼓の胴は数百年、皮は百年以上使用が可能で、大切に演奏しながら次世代に伝える。一方、大鼓の皮は数回使用限定の消耗品である。

能楽の上演はシテ方（五流派）、ワキ方（二流派）、狂言方（二流派）といった専門職が担当するが、囃子方も笛三流派、小鼓四流派、大鼓五流派、太鼓二流派が存在し、それぞれが作品ごとに異なる演奏の決まりを持つ。能の公演は一回のリハーサルを経て本番を迎えることがほとんどであるが、囃子方はどの流派の組み合わせの上演であろうとも対応して演奏をする技術が必要。指揮者がいなくても、掛け声や音のない間を用いて間合いを見計らい演奏する。

◉受賞歴

1986年（29歳）
大阪文化祭奨励賞受賞

1991年（44歳）
大阪市咲くやこの花賞受賞

2015年（58歳）
観世寿夫記念法政大学能楽賞受賞

2017年（59歳）
重要無形文化財各個認定保持者（人間国宝）に認定

◉出版物

書籍『大倉源次郎の能楽談義』2017年 淡交社

DVD『大和秦曲抄』2009年、『大和秦曲抄2五体風姿』2016年　檜書店

修行、伝承に関するエピソード

―先生は師匠であられるお父様が早くに亡くなられ、若くして宗家を継承なさり大変だったのではないでしょうか？

先代宗家の父が二年の闘病生活の後に、私が二八歳の時に亡くなりました。自分自身の舞台に加えて父の代役を務める中、継承のための準備をする間もなく宗家を継がせていただきました。

能楽における囃子

―囃子の楽器について教えてください。

能における楽器は、笛（能管）、小鼓、大鼓、太鼓の四種類。上演する演目によって太鼓がなくて、笛、小鼓、大鼓の三つで演奏することもあります。

三つの打楽器は毎回の演奏前に組立て、その日の天候や会場に合わせてその時の最高の音を作るように調律します。

　これらの四つの楽器が好む気温や湿度はそれぞれ異なっている上、日本の気候は四季の変化が大きいため、四つのいずれの楽器にとっても良いコンディションであるシーズンは稀なんです。逆に四季の変化が日本の楽器を育てたと言えます。

□楽器の役割と特徴

笛（能管）：一本一本の調律が微妙に異なり、十本あれば十本のピッチがあります。これは十人いれば十人の声があることを認め、一つ一つが最高の音を創るという考えによっていると思います。

　メロディを奏でますが、打楽器的な演奏法で言葉にできない部分を音で語るような役割があります。言葉の世界を広げたり、凝縮させたりするようなイメージです。

小鼓と大鼓：時間と空間などのあらゆる間を司る役目を果たします。舞台と観客との鼓動と呼吸を同調させてゆく、共有させてゆくような役目もあります。あらゆる事象を抽象化した音で舞台と観客をつなぐようなイメージです。

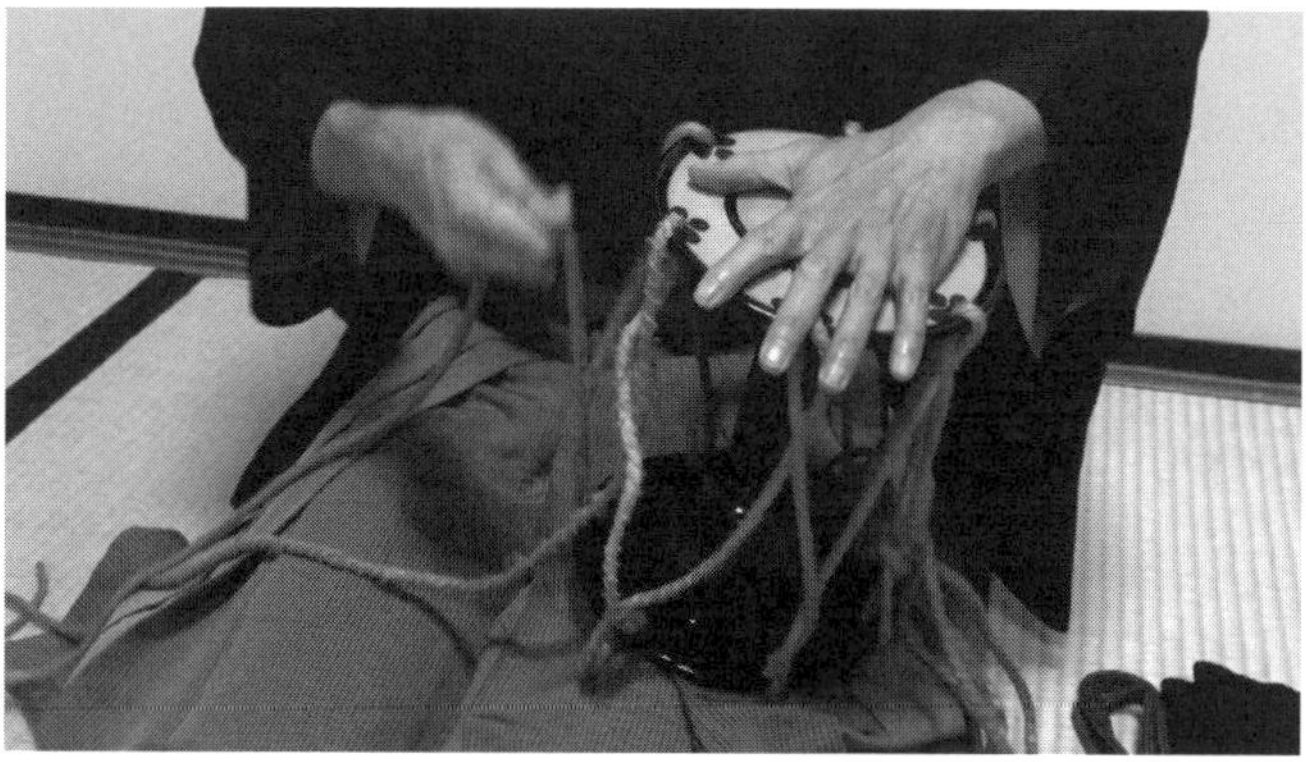

その時の気象条件に
合わせて調整しながら
小鼓を組む（D）

太鼓：能では草木の精霊や鬼などといった人間ではない主人公も登場します。これらの非人間の主人公たちがその世界観を表現する時、言い換えると世界観が大きく変化する時に演奏される楽器です。時間の経過の概念を意識させるような役目も持っています。

—四人の演奏者で、どのように演奏の方向性を合わせているのでしょうか？

能の公演の多くは主役を演じるシテ方が囃子方、ワキ方、狂言方のキャスティングを依頼します。依頼を受けて演奏する囃子方は、依頼主がどのような演奏を望んでいるのかを考え、四人で依頼に合うように、個々がベストを尽くして演奏します。

—上手い演奏者とは、どんな演奏する方なんでしょうか？

楽器を演奏する最大の力を数字の十で例えると、四、あるいは一の力に凝縮して演奏し、残りはお客様に想像させるような演奏をする人だと思います。

鼓打ちを目指す
長男 伶士郎君への稽古
（D）

能楽の成立背景

―能楽がどのようにして成立したかについて、以前先生からお話を伺ったことがあります。その辺りのお話を聞かせてくださいませんか。

能には日本の国の成り立ちと深く関わる哲学が存在すると僕は思うんです。

紀元前後の頃の話になると思いますが、近隣の国々から新天地を求めて、あるいは国を追われて辿り着いた多くの部族が、縄文一万年の先住文化を形成していた日本に入って来たと考えられるんですよ。彼らは四季の変化が激しい日本の風土の中で協力して生活しながらも、部族間では宗教対立や、権力闘争が続いていたと思います。

六世紀には聖徳太子が「和を以て貴し」と唱えて民族和合を提唱するけれども、権力争いによる部族間抗争はまだ長く続く。それが六六八年（七世紀）に権現思想の登場によって、神と仏は水を波と呼び換えていることだよ、と解釈する神仏習合の形態が誕生し、やっと変化する。

折しも、当時最新型の集団労働である水田稲作の本格的導入によって、人力の重要性が高まった。集団労働と連作農業の確立により人口増加が可能になったことで、多様性を認める複合文化を熟成させる文化的背景が生まれたと考えられるんです。

七一〇年の平城宮遷都、春日大社、興福寺建立からは「人、神、仏」合同の大事業を完成させるだけの民族の結集が成功した。この権現思想の登場から七一〇年までの約四〇年間に亘る戦のない平和な国づくりの記憶が、日本の原風景ではないかと僕は思うんです。部族間に伝えられた伝説や芸能、宗教的事象を忘れないようにするために、七一二年には『古事記』が編まれ、七二〇年には『日本書紀』が完成する。また、それらを伝えるメディアとして整備、集約された芸能体系が「猿楽（能楽の前称）」だと僕は考えています。その後、十四、十五世紀に至って、観阿弥、世阿弥親子などを中心とする芸能者の努力、時の権力者の後援の力などによって、能が舞台芸術として大成されたと僕は考えています。

能楽に含まれる願い

—いかに争いのない国づくりが大変であったかということですね。

能楽全般を通した願いは、一言で言うと平和に向かうための普遍的な「人間観察」にあると僕は思うんです。どのような思考を持つと戦いを避けられるのか、あるいは異なる文化圏が出会った時にどのように乗り越えたらよいかといったヒントが能にはたくさん盛り込まれている。最初の統一国家である大和朝廷ができる過程、国づくりの労苦のエピソードも作品として残されています。

能では死者（幽霊）が登場し、生前をさまざまに語り、ワキ方の演じる仏僧や山伏によって成仏される物語が多くあります。死者を甦らせ、その魂を慰めると同時に、どのように生きれば死後も穏やかに過ごせるのかということ、すなわち、平和に死ぬためにはどのように生きるべきなのか、ということを伝えている存在とも言えますね。

この平和への強い渇望は、戦いに明け暮れた日本に住んでいた人々の魂の願いであったのではないかと私は考えています。

日本文化における能

七一二年にまとめられた『古事記』の冒頭には、太安万侶が暗誦されていた神話や歴史を文字で書き記すにあたって大変に苦心したということが記されています。当時日本で使われていた大和言葉を書き留めるため、漢字という「漢」の国の文字に工夫を凝らして作られた日本オリジナルの文字使いが「万葉仮名」

源次郎師ならではの
音色に魅せられるファンは多い
（O）

です。その万葉仮名を用い、美しい言葉で詠まれた和歌四五〇〇首（天皇から防人までの和歌）を集めたものが『万葉集』です。

その後に続く『古今和歌集』『新古今和歌集』などの勅撰和歌の歴史は、現代も天皇家に続く「新年歌会始」につながります。〝言霊の幸はう国〟と言われている詩歌の歴史、即ち夫婦の情けを知り、鬼神の心を和らげる美しい言葉（和歌）を作り続けたことが日本の伝統の「柱」なのです。

そしてその和歌をテーマに編まれた歌物語が、舞台芸術として絵解きされたものが「能楽」であり、その後に続く歌舞伎、文楽、日本舞踊、組踊などを生み出しました。

能楽『高砂』では「言の葉草の露の玉。心を磨く種となりて」という和歌の功徳が古今和歌集の序から引用されています。常緑の松の生い茂る緑の葉を〝言葉〟の象徴として捉え、そこに光り輝く露の玉のように美しい言葉を心に添えて集めたものが詩歌である。そこには詠み人の感動や恋する心が込められ、相手に届くと、送られた側は、その読解力・感受性をもとに言葉を理解し、花として開くことも実を結ぶこともある「種」になると、言葉の大切さについて述べているのです。

一方これが見立ての文化として生活文化に取り入れられ、自宅に居ながら吉野の桜の茶会、龍田の紅葉茶会を楽しむことが可能になったのが茶道、花道、香道などです。

—能の作品とその裏側のテーマをいくつか教えてくださいませんか？

『**羽衣**』：異文化との出会い。異なる文化の人が出会ってどのように仲良くしてゆけばよいか。

『**求塚**』『**女郎花**』：仏教伝来以前の古墳に眠る先住民の死後の苦しみを仏教の力で救済する。

『**国栖**』：律令国家形成に至る壬申の乱の前夜の話。

『**養老**』：先住民の世界と神と仏とが自然の中で厳然一体となって人々に寿福を授ける絵解き能。

『**賀茂（加茂）**』：大和の国で神武天皇が即位、結婚したエピソードを京都の賀茂神社に移し伝えた能。

『**采女**』：葛城王朝と大和王朝の並立を踏まえながら春日大社建立のエピソードを伝え、歌物語にして伝えることによって魂の救済を芸術的に昇華した能。

『**富士太鼓**』『**梅枝**』：朝鮮半島の高麗楽と唐楽とが争いあったが、芸術的に融合させ昇華したことによって争いを終えた歴史が伝えられる。またこの融合により千五百年におよぶ雅楽の歴史は今なお日本で継承されている。

—**源次郎先生が考える能楽の存在とは？**

一日を通して能楽を鑑賞[*1]することで「未来・現在・過去」を知るもの。さらに「神・

歴史的視点から
わかりやすく
話してくださった
（D）

人・仏」が一緒になって一つの芸術的世界を創出するものが能楽です。翁付五番立という形式では、五流合わせると年間五〇週を毎回全ての演目を変えて上演できる二五〇曲以上のレパートリーを有していました。すなわち能楽は、それだけさまざまな人々の心を伝えてきた存在だと言えるのです。

現代に生きる伝承者として

伝統文化に携わる者として、伝統の柱である美しい言葉を未来に伝えていく役割があると考えております。二〇二〇年を間近に迎え、日本の何を世界に伝えるべきかが問われる今日、詩を詠み、歌を創り、美しい言葉を創ることが、全世界に発信すべき大きな和を大切にする日本の役目と考えます。例えば日本の歌会式にポエムの部などを制定して世界中の元首から平和を祈る詩を集め、それをテーマとした茶会、能会を開催するなどの行動を起こすこと、そのきっかけとして謡曲文化を通して美しい日本語を伝えることを世界に提案させていただきたいのです。

能にして能にあらずと表現される能楽の翁は、毎年新春に江戸城で全国の大名を集めて上演されていました。「百姓（おおみたから）」を春の田植えから秋の収穫までしっかりと守り無事に迎えなければ、翌年の食料に困窮した時代です。翁の面が表現する老人がニッコリと微笑んだ顔は、平均寿命が四〇～五〇歳の時代に理想の未来の象徴と言えます。翁は見方を変えると、仲間が力を合わせて理想の未来を手に入れようとする決断式とも言えるのです。

メッセージ

―観客に向けてのメッセージをお願いします。

能楽を大成させた世阿弥が「秘すれば花」という言葉を残しています。この意味は、全てを言葉で明らかにしないことで魅力が増す、人に教えられて知るよりも自分から気づくことの方が大切である、というような意味として使われています。長く日本の文化では、肝心な部分を言語化して伝えない、互いの感覚を通して伝承することが本物である、という思考を元とした伝承の方法が取られてきました。しかしながら、本質の部分を言語化して伝えない伝承が何代にも渡って続いたことで、欧米化した現代社会では、本質がどこにあるのかということが伝承者の間においてもわからなくなってきているように感じています。

私はここで一度、肝心な本質的な部分を言語化して伝えるやり方の必要性があると考えています。ダビンチコードのように能の一つ一つの作品に潜む後世の人間へのメッセージを読み解くパズルに取り組んでいます。皆様にもぜひ、この読み解きパズルも意識しながら、能を楽しんでいただけたらうれしく思います。

（インタビュー二〇一六年二月十九日 国立能楽堂にて）

＊1：かつて能は『翁』・脇能・修羅能・鬘物・狂物／雑能・鬼能／切能と、翁に続けて能が五作品とその間に狂言が演じられ、一日をかけて鑑賞した。

文楽

太夫・三味線・人形

文楽人形（D）

写真提供：国立文楽劇場　撮影：滝沢めぐみ

文楽 太夫
竹本鐵(しころ)太夫

１９４９年　一般家庭の子供として生まれる

20歳　大学生の時テレビで文楽を観たことがきっかけで大学を辞めて四代目竹本津太夫に入門。竹本津駒太夫を名乗る

21歳　初舞台

70歳　竹本錣太夫を襲名

文楽の解説

太棹三味線の演奏と共に太夫が物語を語る「浄瑠璃」。その浄瑠璃に合わせて人形遣いが人形を動かし、物語を演じて見せる芸能に「人形浄瑠璃」がある。文楽とは、このうち公益財団法人文楽協会に所属するプロフェッショナルの太夫・三味線・人形遣い（職業名：技芸員）が上演する人形浄瑠璃を言う。

十六世紀末に人形浄瑠璃は既に成立していたが、江戸中期の十七世紀末に、浄瑠璃作者の近松門左衛門と義太夫節（音楽的に節をつけた語り）を生み出した竹本義太夫とが一緒になり、芸術性の高い芸能に仕立て上げた。彼らの作り上げた作品は、現在でも文楽を代表する人気演目として上演され続けている。また彼らが大阪で活動していたことから、現在も文楽は大阪を本場とし、大阪には文楽を上演するための劇場である国立文楽劇場も存在する。

近松門左衛門が存命中の人形は、人形遣いが一人で遣っていたが、一七三四年に現在のような一体の人形を三人で遣う形態が生まれた。

作品の多くは、忠義や恋に命を懸けて死んでゆく人物が登場し、義理人情の世界が描かれる。ユネスコの世界無形文化財に指定されている。

●受賞歴
1986年・1987年
文楽協会賞受賞
1987年・1990年・
1992年・1995年
因協会奨励賞受賞
1993年・1999年・
2002年
国立劇場文楽賞奨励賞受賞
1997年（48歳）
名古屋ペンクラブ賞受賞
2002年（53歳）
因協会賞受賞

修行、伝承に関するエピソード

—錣先生は、どのような経緯で太夫になられたのでしょうか？

大学生の時にテレビ放送で見た文楽に魅力を感じまして、入門することになったんです。自分は二十歳で入門しました。昔は幼い頃から手ほどきを受け、中学生ぐらいから入門し、舞台に上がるという人が多かったのですが、時代と共に二十歳前後で入門する人が多くなり、現在ではその方が多いですね。自分は、その先駆けでした。

—初舞台はいつ頃だったのでしょうか？

太夫は舞台に上がり、舞台で声を出し、二十年三十年かけて声を鍛えてゆくものなんです。舞台上で声を出すこと自体が修行であるために、入門したら直ぐに若手が担当する作品や複数の人数で合奏する部分で舞台に上がるものでして、自分も入門して一年後に初舞台を踏みました。

—どんな修行をされたのでしょうか？

太夫の声というものは、舞台で三十年近く鍛えることで使える声に育ててゆくものであり、五年、十年ではつくることはできないんですね。

私の場合、入門後初めての稽古を「手ほどき」と言いますが、三味線の六代目鶴澤寛治師匠に手ほどきを受けました。ある作品を用いて声の出し方、呼吸のテクニック（息の引き方）などを教えていただいた。その時に指導していただいた言葉は、その頃に理解できるような内容ではなく、十年、二十年をかけて経験と照らし合わせながら少しずつ理解してゆくような性質のものでした。またその頃に、大先輩の稽古を見ていた際に、同じ師匠が自分に指導してくれる時におっしゃるのと同様の言葉をおっしゃっておられたことに驚いたことがありました。つまり、二十年、三十年をかけて理解してゆくような根本的な内容で、かつ簡単には体得できない技について教えてくださっていたのだと思います。

また、師匠に文楽の世界は「運・根・鈍」の世界だと教わりました。運は運命。すなわちどの師匠の弟子になるかということや、その時代の人間関係。根は根気。運を活かすのも根気。鈍はどんくさいの意味で、めげないというような意味。この三つの中でも結局は運が一番強く作用する、という意味だと思っているんですけどね。

—三十年かけてつくってゆく太夫の声とはどのようなものでしょうか？

商売になる声をつくることが一番大切であり、一番難しい。商売になる声とは

三味線と合わせながら
熱のこもった稽古が続く
（D）

①声に魂がこもること、
②聞いている人に快感を与えること、
③力がこもり説得力を持ち、人を感動させる声だと思います。

一、声　二、節（メロディや強弱）　三、言葉　というように太夫の技の難しさを表現する言い方がありますが、私はこの中でも声が断トツに重要であると理解しています。例えば、「あなたは天使だ」という言葉を、本当は悪魔だと思いながら言っていることを表現しようとした場合、それを表すことができるのは、やはり声だと思うんです。声さえ作り上げることができていれば、風景も情景も、節や言葉よりもずっと多弁に表現することができると理解しています。

太夫の語りの技

太夫の声は客席数千五百人程度の大きな劇場でも、マイクを使用せずに客席の隅から隅まで届くことが最低条件。その上で、ごつい声、柔らかい声、死にかけた役の声などを伝わるように一人で何役も語る。小さい声でも、他人に聞かれたらまずいようなひそひそ話、恋人同士の内緒話、喧嘩している声、意地の張り合いなど、いろんな状況設定があるが、これらをお客さんが区別できる

太夫に必要な道具
右から腹帯、
尻ひき（合引）、
オトシ
（D）

ように語らなければならないんです。

よく俳優業の方にどのように声を出しているのかと聞かれることがあるんですが、説明が難しいですねぇ。腹筋、背筋、体幹を含めた深いところの筋肉、インナーマッスルを使っているのではないかと思っています。大切なのは力を抜くこと。師匠から、膝頭や足の先など、どこか身体の一ヵ所だけに神経を集中させて、肩をはじめとしたその他の身体部位の力は抜くようにと言われた。そのような状態で声を出すと声が前に飛ぶと教えられました。また、お客さんが感動するのに妨げにならないように、人形の演技で息をのむような場面では、太夫も呼吸をとめています。芝居における名場面では、呼吸をする場所を決めています。

節（メロディや強弱）による型

語っている義太夫には、節と呼ばれる型がついています。節は五十から百程度にパターン化されていて、代表的な節には名前が付いています。その節に言葉を当てはめて正しくメロディ、強弱をうたえるようにする。誰がうたっても型は同じであるけれども、そこから伝わる感情表現の質や程度は異なるんですね。

文楽の
魅力を語る
（D）

私は型を箱に例えて、箱にあらゆる感情を限界までパンパンに押し込めるイメージをするんです。箱は少しも崩さないようにしながらも、限界まで感情を押し込めた時、お湯の沸点のようにお客様との緊張感がはじける瞬間が生まれるように思うんです。そのような瞬間が生まれた時に、お客様が涙をホロリと流したりされているように感じています。

良い舞台とは？

―鑁先生が考えられる良い舞台とはどんな舞台なのでしょうか？

作品、演者、お客様、それぞれに作品の登場人物に対する人間的な思いが存在しますよねぇ。お客様は感動を求めて文楽を鑑賞しに来てくださっている。お客様が感動を得るというのは、作品に深く共感して心に沁みわたる感覚を覚えるということだと思うんです。つまり、作品とお客様とを上手く橋渡しできた舞台が良い舞台だと思います。橋渡しが上手くいくためには、義太夫の型に演者が自分の感受性を可能な限り押し込めることだと思う。そうするとお客様が持っている人間的な感情の中から共通する部分が刺激されて作品に共感、共有することができるようになると思う。共感を得ることができた舞台が、良い舞台だと思います。

メッセージ

―最後に改めて文楽とはどんな芸能ですか？

文楽では、人間の持ちうる感情のうちの極限的な感情、悔しさ、悲しさ、愛おしさなどが語られます。例えば『義経千本桜』の二段目では人間のすばらしさ、三段目では人間の悲惨さ、四段目では男女の営みを語ります。これらを一段に限って注目すると、現代に生きる私たちへ伝えている内容は反面教師的なものとなりがちです。けれども、全段を通して大きな視点で作品全体を見ると「それでも人間というのは素晴らしいものだよ」という人間を肯定している思想、人間の全ての要素や価値観を同じように認めている哲学があるように、私は感じています。

作品全体を一歩引いたところで俯瞰してみると、人間という存在全体のさまざまな要素を見つめる視点を持てるようになる、そんな仕組みが文楽には仕掛けられているのではないかと思います。

義太夫の型や物語は、人間臭い感情にたっぷりと浸ることができるように作

公演「声のわざを体験しよう」で太夫の語りを披露（ＫＡ）

られています。ぜひたくさんの方に文楽をご覧いただき、人間ドラマを楽しんでいただきたいと思います。

（インタビュー　二〇一六年十二月十日　国立劇場稽古場にて）

＊インタビュー時は、津駒太夫のお名前でしたが、出版にあたり現名に改めています。

錣太夫を襲名し、
円熟した芸でますます
活躍が期待される
（ＫＡ）

撮影：川辺章生　協力：国立劇場

文楽　鶴澤寛太郎

三味線

1987年
七代鶴澤寛治（人間国宝）の孫として生まれる

6歳
祖父に付き箏の稽古を始める。（太棹三味線は子どもの体には大きすぎるため、文楽の三味線弾きが舞台で弾くこともある箏の稽古を音感教育のために受ける）

10歳
三味線を弾きたいと祖父に進言し、翌年より手ほどきを受ける

12歳
小学六年生の時に祖父に入門。試験に合格し、鶴澤寛太郎を名乗る

13歳
祖父の七代鶴澤寛治襲名公演にて初舞台

修行、伝承に関するエピソード

―寛太郎先生は中学生の頃から舞台で演奏なさっていらっしゃいますが、どのような過程で文楽の道に入られたのですか?

幼少期から祖父(鶴澤寛治・人間国宝)の楽屋へ遊びに行ったり、舞台を観ていたんですが、九歳のある時、三味線弾きが五人並んで演奏している舞台を聴いていて、祖父の三味線の音と他の三味線弾きが演奏している音に違いがあることに気が付いたんです。

このことがきっかけとなり、祖父の三味線の音に憧れをもち、三味線を弾いてみたいという気持ちが大きくなったのが入門のきっかけです。しかし母親は、文楽の三味線弾きが、稽古と舞台ばかりの毎日で休みも少ない上に収入も少なく、家族に苦労をかける職業だということを知っていたために、賛成してくれませんでした。けれども自分で十歳の時に祖父に三味線を弾きたいと進言しまして、その後、手ほどきを受けることができました。

十二歳の時に文楽の三味線弾きとして入座を認めてもらうための試験を受けまして、合格し、三味線弾きとして鶴澤寛太郎の名前をいただきました。十三歳の時に、祖父の七代目鶴澤寛治襲名公演があり、孫であり弟子でもある自分

◉受賞歴
2009年・2011年・2014年・2015年
文楽協会賞受賞
2012年・2017年・2019年
文楽劇場奨励賞受賞
2012年・2019年
十三夜会賞奨励賞受賞
2019年
大阪市咲くやこの花賞受賞

も出演させてもらえることになり、この公演で初舞台を踏みました。
初舞台から四年間ぐらいの間、他の三味線弾きの皆さんとは十二歳以上年が離れていたことや、師匠の孫であることから、周りの皆さんから一弟子としての扱いをされにくい環境があり、楽屋になじめず、私にとってつらい時期が続きました。本格的に三味線弾きとして一人前になろうと志が決まったのは、高校を卒業した頃でした。

―師匠である祖父、寛治師匠からはどのような稽古を受けたのですか？

稽古は師匠一人に対して弟子一人で向かい合い、師匠が弾く三味線を聴き、弾き方も真似して弾くやり方です。短い部分ごとに師匠からの修正を受けながら習得し、一曲弾けるようになるまで二十日ぐらいかかります。
この耳うつしで弾く稽古を子どもの頃からやっていました。「朱」と呼ばれる文章の横に三味線の音階についてメモのように書く個人の譜面代わりのようなものがありまして、先輩の朱を見せていただいて録音テープなどを聞いて稽古をする人もいます。しかし自分は稽古を始めた当初、子どもで朱の文字が読めなかったこともあって、朱を頼らずに習得する稽古方法が続きました。そのため、譜面通りに形をなぞるような習得方法ではなく、どうしてそのような旋律になっているのか、どこの部分をどのような撥さばき（演奏方法）でどこにどう力を

祖父・鶴澤寛治と舞台で共演できたことは大切な思い出（D）

入れて弾くのかということを一つ一つ身体に染み込ませていくような稽古を受けました。

三味線とはどういうものか

―たった一人で音楽を担当する三味線ですが、どういう存在なのでしょうか？

太夫と三味線のコンビを野球で例えると、太夫はピッチャー、三味線弾きはキャッチャーの役割を担います。キャッチャーである三味線弾きは、ピッチャーである太夫の調子に合わせて、下支えをする。難しいのは、いい音を出せばよいというものではないということなんです。太夫の語りを引き立て、お客様に芝居の世界に入り込んでいただけるようにすることを考え、演奏します。

芝居におけるさまざまな感情や場面に沿うように、場の雰囲気をそれらしく聞こえるように工夫して演奏するのが三味線弾き。文楽は太夫、三味線、人形の三者が三様に成り立っているので、三味線弾きは自分だけが主役というように悪目立ちすることは絶対に避けねばなりません。そのため私は演奏中、手首から指先以外の身体を動かさないようにして、お客さんの視線を引くようなこともしないように努めています。

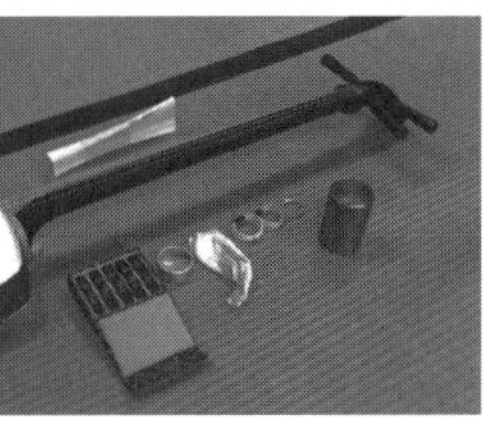

三味線と撥、糸などの道具（D）

―上手な三味線弾き、三味線弾きが良い舞台とはどういうものですか？

音に表情があり、その表情が豊かであるのが上手い三味線弾きだと思います。また太夫との関わり方が上手い人。即興のジャズ音楽のようですが、三味線弾きは、太夫と譲り合い、楽しんで、戦って演奏します。これらの太夫との駆け引きも含めて、お客様に芝居場面のポイントがわかりやすくなるように演奏するんです。つまり登場人物が悲しいのか、笑いたいのかといった、登場人物の心情を含めた状況や背景への理解が進み、お客さんの感情を高めることができるように演奏するのが上手な三味線弾きだと思います。

達人になると

一音で場面の変化や心情の変化を表現することができる。

―伝承、継承してゆく上で大変なのはどんなことでしょうか？

□伝承の方法

今まで芸の伝承においては、感覚的な部分を用いて伝えようとする手法がとられてきましたが、感覚的な手法のみでは芸は伝えられないと自分は思うんで

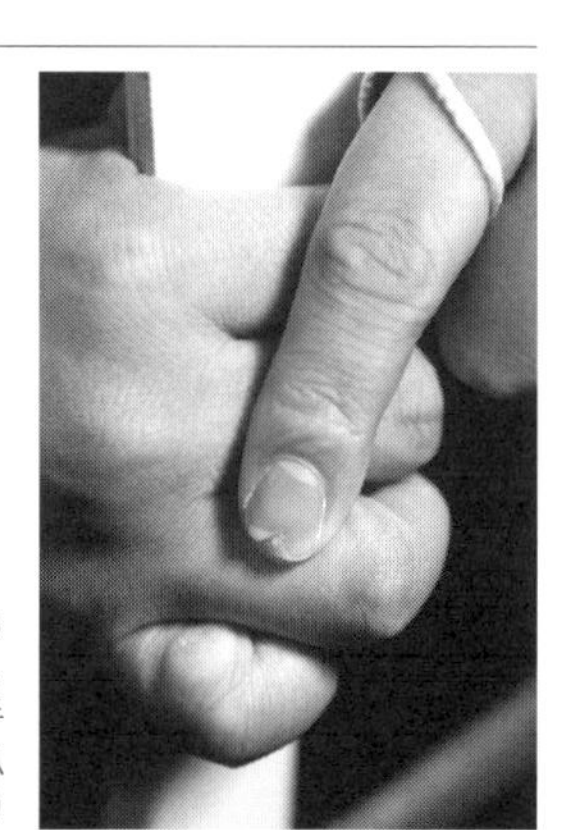

撥を握る
右手小指のマメ、
弦を抑える左手
人差指の爪
（ＫＡ）

す。今後はロジカルに伝えるような伝承の仕方も取り入れてゆかなければならないと考えています。

また、楽器そのものの構造に関しての研究が進んでほしい。楽器の構造を理解した上で演奏方法の伝承が行われた方が良いと思っています。

楽器の材料の問題、職人の問題

義太夫の太棹三味線に用いられる材料の入手が年々難しくなっている現状があります。その上、制作する腕のある職人が少なくなっていることに大変困っています。詳しく一例をあげると、撥の片先の弦を弾く一部分は、劣化が激しいため、角が丸くなってくると部分的に張り替えてゆくものなのですが、この張り替えを上手く行える職人を探すことが難しい。個人的に歯科技工士や仏師などの楽器関係とは別の業種の方に頼ったりしているような状況があるんです。

これらの楽器の材料の入手や職人探しは三味線弾きが個人で対応しています。また、これら楽器にまつわる必要経費としての手当てもありません。楽器の材料の問題と加工する職人の育成については直近の問題で、とても困っています。

国立劇場に楽屋入りすると
まず名札を返す
（ＫＡ）

メッセージ

―最後に、文楽の魅力について教えてください。

文楽は約三百年前に完成された芸能ですが、人間の物語として見る時、現代に起こる事件と根底は同じように思います。ただ、現代では忘れられているような家族、村、コミュニティ単位での人間関係の濃密さがテーマになっていると言えます。

また、文楽は物語を通して、人と人の絆の強さを伝えられる芸能だと思います。人と人の絆は万国共通のテーマであると思いますので、文楽という一つの表現形式を楽しみながら、人の心のドラマをたくさんの方に楽しんでもらいたいと思っています。ぜひ生のライブ感も楽しみに劇場にいらしてください。

（インタビュー　二〇一五年十二月三日 国立劇場楽屋にて）

公演の合間の楽屋で、
自然体で話して
くださった

文楽　人形
吉田勘彌

撮影：川辺章生
協力：国立劇場

1955年 岡山県倉敷市にて一般家庭の子供として生まれる
18歳　国立劇場文楽第二期研修生となる
21歳　二世桐竹勘十郎に入門
初舞台。桐竹勘弥と名乗る
31歳　吉田姓を名乗る

修行、伝承に関するエピソード

―どのようなきっかけで文楽に入門されたのですか？

国立劇場で文楽の研修制度があるというのをたまたま知り、興味を持って研修生二期生に応募しました。研修生になるまで、文楽に触れる環境にはありませんでした。最初に文楽を見た時には、人形（物語の登場人物）がとてもけなげだな、という印象を持ちました。

文楽の世界では、師匠と弟子の関係が大変濃密なんですが、自分は最初に入門した二代桐竹勘十郎師匠にとても魅力を感じていました。

師匠は、自分が入門してから十年ほどで他界なされましたが、私が現在まで人形遣いとして舞台に立つことができるのは、師匠に対しての憧れと尊敬が原動力となっていると思っています。

―初舞台はいつでしたか？　また、どんな修行をなさったのですか？

研修生を卒業して一人遣いのツメ人形という一人で操作する人形や、足遣いとして舞台に上がりました。

文楽の人形は、一体の人形を三人で遣うという、世界でも珍しい、おそらく

●受賞歴
1999年（44歳）因協会奨励賞受賞
2006年（51歳）国立劇場文楽賞文楽奨励賞受賞
2017年（62歳）国立劇場文楽賞文楽奨励賞受賞

二世桐竹勘十郎師匠より師匠の人間国宝認定の際にいただいた扇（D）

唯一の遣い方をしています。主遣いが左手で人形の頭、右手で人形の右手を担当し、左遣いは右手で人形の左手。足遣いは両手で人形の両足を担当します。

人形遣いの修行は、足遣い十～十五年、左遣い十～十五年、入門してから三十年近くたってようやく主遣いになれるという世界です。

自分の場合には、足遣いから十二、三年後に左遣いに上がることができ、これは比較的早かったのですが、その後主遣いになるまでには非常に時間がかかりました。左遣いや主遣いに上がるタイミングは、その時にどれぐらいの人数の先輩方が活躍されているかということとも関係があるので、その時代、時代にによっても上がる速さが違います。

左遣い、足遣いが、どの主遣いと一緒に人形を操作するかということは、固定していなくて、公演ごとに組み合わせが決められます。人形の操作は、主遣いが出す「図（ズ）」と呼ばれる合図に合わせて操作するのですが、最初はなかなかその合図が読み取れないんです。

読み取りながら主遣いの意図するように人形の左手や足の動きを操作しなくてはいけないのですが、それがどの主遣いと組んでも上手く対応できるようになるのには、やはり十年単位での時間がかかります。太夫・三味線・人形の三業揃っての「本番前舞台稽古」は一回きりなのです。日々の舞台、実践の場で技を習得してゆきます。

主遣いになると、義太夫を聴いて役作りをしたりするようになります。自分の遣う

三人で一体の人形を遣う

人形の衣装をはじめ演出なども担うことができるので、そこは面白いところですね。

―人形遣いの方が目指している芸とはどういう芸なのでしょうか？

究極の目的は、「物」である人形に命を吹き込む、「生きもの」を創り上げる行為だと思います。見ている人に「生きている」と感じさせるのが芸だと思います。

良い舞台とは？

―先生が考える文楽の良い舞台とはどんな舞台ですか？

文楽では、現実にはありえないような悲劇が物語となっていることが多いです。文楽というおとぎ話を楽しむ世界だと思うんですね。おとぎ話の世界を、どのようにリアリティを持たせて表現するのかという部分が人形遣いにとっての勝負だと思います。おとぎ話にリアリティを感じさせる舞台が良い舞台だと思います。

基本的な遣い方

□胴串の持ち方

胴串という首（かしら）につながる棒の操作が最も重要な操作。女方の人形遣いは、この胴串を持つ手の力を抜いて最小限の力で柔らかく持てるようになると、表現

『伽羅先代萩 政岡忠義の段』
公演「声のわざを体験しよう」にて
（ＫＡ）

力が豊かになる。入門して最初の頃は、胴串に力を込めてすべての指で握っているような状態になる。それが、徐々に指を一本ずつ外しても、胴串を支えられるようになってゆき、最終的には小指一本でも支えられるようになる。そうなると、人形自体に柔らかに揺れる感じが表現できるようになったり、さまざまな持ち方（例えば親指と人差し指の二本でつまむ等）にすみやかに持ち変えることも容易になる。

最小限の力での操作のテクニックが身に付いて来ると、表現できる世界が広がる。

□人形の呼吸

人形がしている呼吸と人形遣いがしている呼吸とが常に同期しているのではなく、別の息をする存在を作り出すのが人形遣いである。

□三人で遣う人形の操作

主遣いと左遣い、足遣いの間で信頼関係が強いことが望ましい。

合図を出すのは主遣い一人と決まっており、左遣いと足遣いはその合図に合わせて人形を動かす。特に足遣いは中腰の姿勢で主遣いの腰骨に右腕を当て、その触れている右腕部分からの情報で主遣いの動きを読み取らねばならない。足遣いは操作中、人形の背中と頭の後ろしか見えない条件下なので、右腕の主遣いの腰骨に触れた部分の情報、「腰のあたり」から主遣いの体重移動を感知し足を遣う。左遣いは主に人形の首と肩の動きを合図情報として読み取り、遣う。

達人になると

人形遣いが遣っている人形を〝生きている〟と感じさせることができる。人形を人形遣いとは別物として存在しているように感じさせることができる。

私が魅力を感じた過去の達人たちは、とても楽しそうに人形を遣っていた。達人になることと、楽しく遣うことが何か関係があるかもしれないと思う。

メッセージ

―最後に改めて文楽の魅力について教えてください。

普通お芝居で役者が演じる場合には、一人で一人の役柄を演じるところを、文楽では、セリフは太夫が語り、三味線が状況を表現し、人形を三人で遣い、五人体制で演じているとも言えます。特に、一体の人形を三人で遣う人形劇は、

長年の修行で人形に生命を吹き込む
(D)

世界中に文楽以外存在しません。その分精緻性に長けていると言えると思います。また外国の人形劇では、人形を操作する人の姿を観客から隠すための工夫が凝らされています。ところが、文楽では人形遣いが堂々と観客の前に登場しているのが興味深いところだと思います。

文楽では、現実にはなかなか起こりえないような悲劇の物語を、わざわざ人形で演じます。つまり虚構の世界を前提に整えておいた上で、リアリティを楽しむという珍しい上演形態だとも言えると思います。

文楽の物語の登場人物は、とてもひどい環境に陥りながらも、忠義、家族、恋人などの大切な人や信じるものに対して命を懸けて守ろうとするような、美しい心を持っています。このような虚構の物語の中で、一途でけなげな人形に感情移入して楽しんでいただけるのが文楽の魅力だと思います。多くの方にぜひ劇場でご覧いただきたいと思います。

（インタビュー　二〇一五年十二月十日　国立劇場稽古場にて）

人形の肩はへちま、腰は竹の輪、胴は布でできている。これは二世桐竹勘十郎師匠よりいただいたもの（D）

日本舞踊
立方

『道成寺』用の扇（KA）

日本舞踊 立方
西川扇藏

1928年
西川流九世家元・西川扇藏（女性）の長男として生まれる

5歳　初舞台

7歳　十世西川扇藏を継ぐ。九世家元急逝の為、急遽継承

19歳　結核の大病を患うが奇跡的に助かる

日本舞踊の解説

江戸時代に成立した歌舞伎では、芝居と所作事（舞踊）が演じられる。日本舞踊（歌舞伎舞踊とも）は、歌舞伎の中の舞踊作品を一般家庭の子女が踊る習い事として発展してきた歴史を持つ。戦前までの日本では、日本舞踊の教室は、西洋のフィニッシングスクールのような性質も持ち、美しい所作と同時に、社会人としてのマナーなどを学ぶ場でもあった。

日本舞踊の踊りのテクニックは、成立の性質上歌舞伎との関連が深い。また歌舞伎の身体づかいは日本舞踊を用いて身に付けるものである。そのため、歌舞伎役者は幼少期より日本舞踊を学ぶ。歌舞伎の振付は日本舞踊家が行うことが多く、また歌舞伎役者が日本舞踊の一流派の家元を兼ねている場合もある。

伴奏音楽は、三味線音楽が中心である。三味線音楽は、語り物系（義太夫節、常磐津節、清元節、富本節、河東節、新内節など）と、唄い物系（長唄、荻江、地歌、大和楽など）とに区別されるが、このうち長唄、清元節、常磐津節が用いられることが多い。踊りの種類は、古典・創作・素踊りに区分することができる。

主な流派に西川流、花柳流、坂東流、藤間流、若柳流などがある。

●受賞歴
1985年（57歳）
芸術選奨文部大臣賞受賞
1989年（60歳）
紫綬褒章受章
1991年（62歳）
日本芸術院賞受賞
1999年（70歳）
重要無形文化財各個指定保持者（人間国宝）に認定
2000年（71歳）
新宿区名誉区民に認定
2009年（80歳）
旭日小綬章受章

修行、伝承に関するエピソード

―先生は幼い頃にお家元でいらしたお母様が突然に逝去されて、まだ小さいうちからお家元を継承されましたが、どのように修行されたのでしょうか？

七歳の時に母親である九世扇藏が二十八歳で突然に亡くなってしまったんですね。そのために、実子である自分が継承することとなり、その一ヵ月後に名取式で免状を渡す仕事から家元としての仕事が始まりました。

子どもの頃からの稽古は、同じ西川流ではなく、宗家藤間流のお家元をはじめとし、坂東流、若柳流の先生方にご指導をいただきました。皆さんが、幼い自分を可哀想がってくださり、本当に良く指導してくださった。自分は素直にひたすらに稽古に臨みました。自分の境遇からひたすら謙虚に素直に過ごすやり方しかできませんでしたけれども、ある意味では、幼くして母と死に別れたことは、このように皆様に助けていただくことに繋がり、条件として幸運だったかもしれないですね。

―先生はお子様方へのお稽古はどのように進められたのですか？

四人の子どものうち、長男箕乃助と長女祐子が日本舞踊家となりましたが、

若くして世を去った母、九世西川扇藏（N）

扇藏５歳での初舞台作品『かつを売り』（N）

二人とも自分と同じように他流の先生のご指導を受けるようにさせました。これは、家元の子どもとしてではなく、一舞踊家として謙虚に学ぶ姿勢を身に付けさせる意味もあってのことです。また、学業を大切にさせ、留学などもさせました。これらは、人間としての土台をしっかり作ることが大切だという考えからです。

日本舞踊とはどういうものか

—日本舞踊といいますと、流派も多く、古典や創作といったジャンル、素踊りなどさまざまな作品がありますが、扇蔵先生が考える日本舞踊とはどういうものですか？

まず日本の民族衣装である着物を着て表現動作をする。この「着物を着ている上での表現」という点が一番のポイントだと思っています。

古典・創作・素踊りのそれぞれで踊り方は多少異なりますが、伴奏音楽にある歌詞に則って見ている人に何を表現しているのかが理解できるように踊ることが何よりも大切。お客様に共感を得る、伝わるということが何よりも大切です。

上手な踊りとは？

―日本舞踊において上手な踊りとはどんな踊りなのですか？

ひたすらに基本がしっかりできていること。これに尽きますね。

基本とは、腰を落とす。「地に座った踊りを踊れ」「どっしりときちっと踊れ」と言われることがありますが、重心が低くなっている。背筋がまっすぐ伸びている。また音楽的要素である間[*1]がとても重要。間を上手く活かした踊りをすることが大切ですね。

それから日本舞踊は特別な舞踊家の人だけでなく、一般家庭の子女も踊るもので、言い換えると誰にでも踊れるものです。その誰にでも踊れる踊りを、誰にも踊れない領域にまで高めて（洗練させて）踊ることを追求してゆくことが重要です。

踊る工夫、お客様の存在

―踊る前にはどんな工夫をされるのですか？

今では踊り込むようなことはいたしません。しかし、作品のどのような精神をどのように表現して踊るかということは、ずっと考え続けて舞台に出ます。舞台では、お客様に対して「これでよろしいでしょうか？」と問いかけるような心で踊っています。拍手が多いと大丈夫だったかな、と思いホッとしますね。

—日本舞踊にとってお客様の存在はとても重要なのですね？

お客様あっての舞台。お客様に何を表現しているのか、伝わることが何よりも一番大切です。共感していただくことが大切で、踊り手が独りで納得してしまっているような舞台はダメです。お客様があっての日本舞踊。

お客様に踊りの表現している内容を伝えるためには、歌詞によく合った振付けであることは重要ですね。その振付けをきっちり踊ることです。歌詞に合った振りをきっちり踊れば、自然と踊りの意味は通じるものです。

—古典舞踊、創作舞踊、素踊りのそれぞれのポイントを教えてください。

古典舞踊：先人達に追いつきたいということを目指して踊る。基本に正しく踊ることを目指す。

創作舞踊：作品の主題を伝わりやすく振り付ける。メリハリを付けて踊る。メリハリは大事。メリハリとはテンポと言い換えることも可能。速いテンポは速く、回転する振りではしっかり回転するなど、見ている人が心地良いと感じ

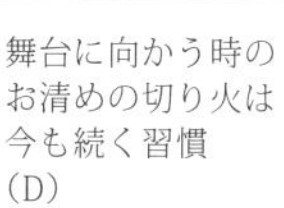
舞台に向かう時の
お清めの切り火は
今も続く習慣
(D)

るようなリズムとテンポで踊ることが重要。

素踊り：古典舞踊と同じ心持ち。作品をきちんと踊ることを心がける。

日本舞踊の基本の演技

人間の身体として自然に見えるように素直に踊る。自然に見える身体は、日常の身体とは異なる日本舞踊用の白いキャンバスのような身体。舞台用の身体の自然体とも言える。この白いキャンバスのような身体を各自で確立させ、そこからどのような役柄にでも応用させて踊る。

踊り手は、自分でしているつもりの姿勢や身体の動きと、実際の姿勢や身体とのギャップを埋めていくように務める。このギャップを埋めていけるようになるには、ある程度の修行期間が必要となる。

□**基本姿勢**（**構え**）

まっすぐに立つ。身体の軸がまっすぐ。首をまっすぐにのせる。

まっすぐ立てるようになるとの意味は、首や胸、背中の肩甲骨が使えるようになるということとも関連が深い。これらが使えるようになると、手足が

日本舞踊の体づかいについて教えていただく

バタついて見えなくなる。

□表現

手や指を使った表現が多い。また、首の動きが特徴的（例えば、三ツ振り、五ツ頭、引き首〔逆ミエ〕など）である。目線はとても重要で、役柄の表現（娘役の伏し目など）にも使われるが、基本的に目線をお客様にわかるようにはっきりと使う。これは「おでこで見る」等の言葉で指導される。

□背中の動き

肩甲骨の使い方に熟達の程度が表れやすい。

達人になると

①身体の芯はしっかりしているが、しなやかになり、余分な力は抜けて力みがない。

②音楽のテンポやリズムである間を活かして、お客様が心地良さを感じる踊りを踊る。

『傀儡師』
巧みな動きと表情を
素踊りで見せてくれる
（N）

メッセージ

―最後に先生が日本舞踊を通して伝えたいことは何ですか？

日本舞踊は民族衣装である着物を着た表現動作です。日本人（江戸期以降）の特質や文化は、着物を着て生活してきた着物文化から発生してきていますね。そして着物というのは、腕をすばやく大きく動かす動きや、ひねったりねじる動き、大股に足を開くような動きには適していません。つまり、人と戦うような行為には最も適さない服装なのです。ここからも私たち日本人が人と争うことが嫌いな民族なのだということがわかります。

私は、このような私たち日本人の平和を愛する心を知ってもらい、「世界が平和に、地球が穏やかで過ごせますように」という祈りを持ちながら日本舞踊を踊っています。

（インタビュー　二〇一五年六月二十二日　宗家西川流稽古場にて）

＊1：日本舞踊の伴奏音楽は、リズムを拍で完全に区切ることができない。メロディに合わせて演奏者のセンスで微妙に音と音の間の長短が工夫されて演奏される。

日本舞踊

西川祐子

立方

1957年
西川流十世家元・西川扇藏の長女として生まれる。

―祐子先生の考える日本舞踊の魅力について教えてください。

能楽等とは異なり、日常動作が表現動作として用いられる日本舞踊は、日本人がどのように日常を生きてきたかということが透けて見えるものでもあると思います。歌舞伎とも関連が深いですが、歌舞伎の表現では観客に目新しく感じさせるような工夫が加えられるのに対して、日本舞踊では、より純粋に日常動作を美しく洗練させた表現を残しているとも言えるように思います。

またそれ故に、踊り手自身が日常生活をきちんと生活してゆく大切さがあるように感じています。父の場合も、八十五歳を過ぎていながら会議等にも出席し、人任せにせず、長としての役割を果たしています。

―今後の日本舞踊の役割についてどのようにお考えですか？

日本舞踊は着物を着た日本人の性質を伝えるものでもあり、着物を着た上での美しい動作を学ぶ教材とも成り得るのではないでしょうか。

ただ、形だけを残していくのではなく、どの部分をどのように残していかなくてはいけないのかを、深く考えてゆかねばならない時期に来ているようにも感じています。

（インタビュー　二〇一五年六月二十二日　宗家西川流稽古場にて）

◉受賞歴
2010年（53歳）
芸術祭賞優秀賞受賞など

家元である
父を支えることも
大切な役目になっている
（ＫＡ）

地唄舞
立方

月と秋草　扇(KT)

地唄舞　立方
神崎貴加江

写真提供
神崎貴加江

1960年
堀派神崎流 初代家元 神崎ひで貴の姪として生まれる。
6歳　入門
8歳　初舞台
27歳　弟子への指導を始める
41歳　先代逝去（59歳）
43歳　堀派神崎流
　二世家元を継承

地唄舞の解説

地唄舞の歴史は古く、中世に天皇の前で天皇の代わりとして神に舞を奉げた御殿舞（ごてんまい）を源流とするとされる。その後、飲食を伴う座敷の場で舞い継がれてきた。そのため座敷舞とも呼ばれるが、現在では、日本舞踊と同様に舞台でも舞われる。

地唄（その土地に伝わる土地の唄という意味）を伴奏音楽とする。地唄の演奏家は、長唄と比べて音階が低い中竿三味線を一人で演奏しながら裏声を使わずに唄うが、かつては目の不自由な人の一職業でもあった。作品のテーマは恋愛を中心とした心の機微を扱ったものが多いが、能の作品を地唄に取り入れたものも数多くある。

主な流派に、井上流、楳茂都流、神崎流、山村流、吉村流があるが、神崎流以外は関西を地元とし、流派によっては京都の井上流では京舞、大阪の吉村流では上方舞と流派ごとに独自のネーミングを持つ場合もある。

地唄舞の振付は、飲食する客の前で舞い継がれてきたこともあり、ほこりが立たないように静かに舞うものが多い。座敷ではなく、舞台で舞う場合にも、衣装は黒紋付の着物の芸妓姿か、素踊り（歌舞伎舞踊で用いられるような作品固有の鬘や衣装をつけない）の形式がよく用いられる。

修行、伝承に関するエピソード

—先生は、伯母さまがお家元であったとのことで、幼少期からお稽古をされたそうですが、どのようにお稽古されてらしたのでしょうか？

自宅の一室に先代家元の稽古場があったため、幼少期よりお稽古を見ておりました。実際に入門したのは、六歳です。同年代のお友達が大勢稽古に通っておりまして、自分の稽古の順番を待つ間にお友達とお菓子を食べたり、漫画を読んだりしていて、そちらの方が楽しかったですね。

また小学生になってからは伴奏音楽である三味線も習うようになりました。最初は日本舞踊の作品を学び、地唄舞の曲の稽古をしたのは、十歳ぐらいからです。

舞うことが大好きになったのは、高校生から。この頃から、日本舞踊よりも地唄舞が好みになっていきました。二十歳ぐらいから師匠の代稽古を務めることがあり、お弟子さんたちを指導することによって、地唄舞の魅力に少しずつ気が付いていったという感じです。

地唄の曲『ひなぶり』の舞台は10歳の頃（ＫＴ）

―どのように家元を継承されたのでしょうか？

先代が病に倒れ、継承することへの準備を始める前に亡くなってしまったために、受け継ぐことがとても大変でした。先代が亡くなった後、二年後に継承することを受け入れました。

―伝承や継承について印象深いエピソードなどを教えてください。

先代がカルチャースクールで指導することになった時に、今までの手取り足取り式（指導者一人に対して弟子一人）の指導法から、指導者一人に対して複数人の生徒さんへの稽古を可能とする指導法を模索し始めました。

基本的な身体づかいの型を言語化し、その言葉を用いて指導するやり方に変えていったわけです。

私はちょうど地唄舞の大曲『雪』の稽古から、このような新しい型の言語を用いた指導を受けたのですが、この新しい指導にすぐに馴染むことができなくて、三カ月間混乱し、それまでは振付を覚えることが得意であったはずの自分が、初めて振付が全く覚えられない状態に陥ったことがありました。

その後は徐々に言語を用いた習得方法にも慣れていきましたが、先代が型の言語を用いて指導をするようになった後で入門されたお弟子さんは、それ以前に入門していたお弟子さんと比べて、明らかに舞の上達が速くなりました。

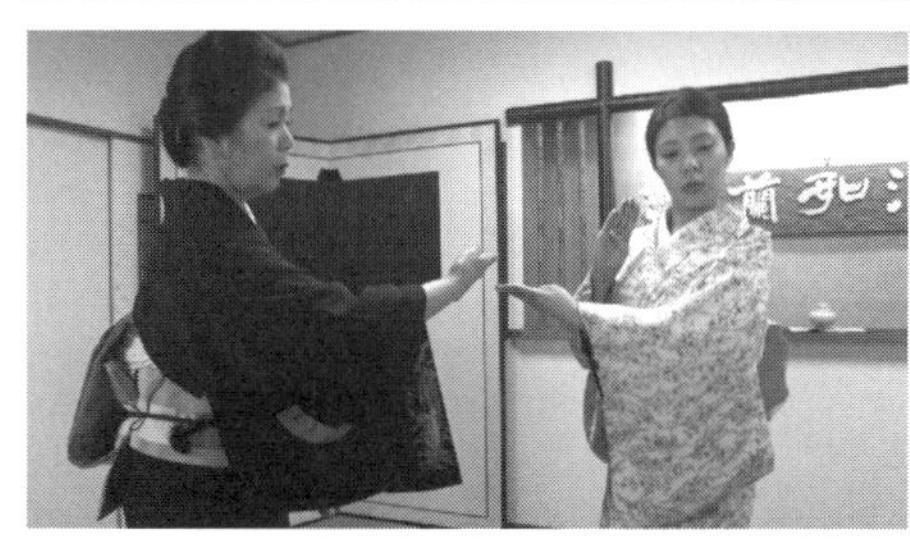

身振りと共に言葉で説明しながら正しい型を伝える（D）

地唄舞とはどういうものか

―地唄舞とはどういう芸能なのでしょうか？

心情的なものを強く表現する芸であるため、お客様に感じていただくものだと思います。観客側の感性に大きく委ねられる芸とも言え、舞手はその作品の世界を伝えるストーリーテラーだとも言えます。

古くは、天皇など高貴な方の前で神様に対して舞うものではありましたが、本質的に誰か特定の人に対して舞うという性質があります。

作品の空気感を、舞っている会場の隅々まで届ける、想いを届けるのが地唄舞だと思います。そして観客にどのように受け取ってもらうのかという部分は、観客に任せて舞うものだと思います。

―上手な舞手、舞とはどういうものですか？

何かしら心情的な想いを観客側に深く感じさせることができる舞が良い舞、そのような舞を舞う人が上手な舞手だと思います。

地唄舞の基本の演技

動きは、能と日本舞踊（歌舞伎舞踊）の中間的な要素を持つ。日本舞踊と比べると、狭い座敷の空間の中で舞われてきたため、扇子扱いのテクニックがより細かい特徴がある。小さな空間内で距離感を表現する工夫として「ウラミエ」や「目線を殺す」技法が用いられる。

日本舞踊と比べて、決めポーズが少なく、振りから振りへの移行に時間を使い、ゆったり、しっとりと舞う。

□目線を殺す

地唄舞の大きな特徴で、歴史的に観客の距離が近い座敷で舞ってきたことから、観客と目線を合わせないようにする工夫。

目がどこを見ているのかをはっきりわからせないような目線の使い方。日本舞踊ではハッキリ目線を活かして踊るので、この点が日本舞踊との大きな違いである。

□肩甲骨を下げる

肩甲骨の下部を腰に近づけるように下げ、左右の肩甲骨を中央に寄せ、さら

上方唄『世界』は
廓の情景や遊女の心情を描く
（ＫＴ）

に左右の肩甲骨下部の先端を背面へ引っ張り上げる。

□常に中腰を保つ

左右の腰骨二点と、両膝を前後に折り重ねた点との三点で三角形を作り、その三角形を常に維持し続けるイメージ。

達人になると

①動かない（振りがゆっくり、動く部位が少ない）ことを観客に飽きさせない。動かなくても観客を惹きつけることができる。

②作品の空気感、舞手の空気感が会場の隅々まで行き渡り、観客と舞手が一体感に包まれる舞を舞う。

メッセージ

―初めて地唄舞を見る人はどのように鑑賞すればよいでしょうか？

地唄舞では、心象を動きで表現することが根底にあり、音にぴったりと合わせて舞うことを狙ってはいません。動きを音に合わせるのではなく、音の中で舞うというような感覚で舞われる舞です。

地唄舞は見る人に感じ取ってもらう部分が大きいと言う（D）

心の機微が動きとなって表現されている舞だということを理解していただけたら、すんなりと舞の世界を楽しんでいただけるのではないでしょうか。

―最後に改めて地唄舞の魅力について教えてください。

地唄舞は心の表現が根底にある舞なので、同じ作品の同じ振付であっても舞う人によってお客様には印象が大きく異なることが多々あります。見る方に解釈を委ねる芸なので、そこが面白い部分でもあると思います。日本舞踊（歌舞伎舞踊）と比較をして、日本舞踊を映画に例え、地唄舞を小説のようだと評した人がいました。

地唄舞では恋心をテーマにした作品が多くありますが、恋は世界中の人にとって共感できるテーマだと思います。恋する心、誰かを想う心をテーマとした地唄を、一人の演奏家が三味線を弾きながら裏声を用いない歌唱法で唄います。飾り気の少ない地唄の音楽を伴奏に、しっとりと恋心を舞う地唄舞の世界をぜひ多くの方に味わっていただきたいと願っております。

（インタビュー　二〇一五年十一月十日　堀派神崎流稽古場にて）

先代ひで貴師が愛用した
扇は地唄舞らしい
趣深いものが多い
(D)

組踊 立方

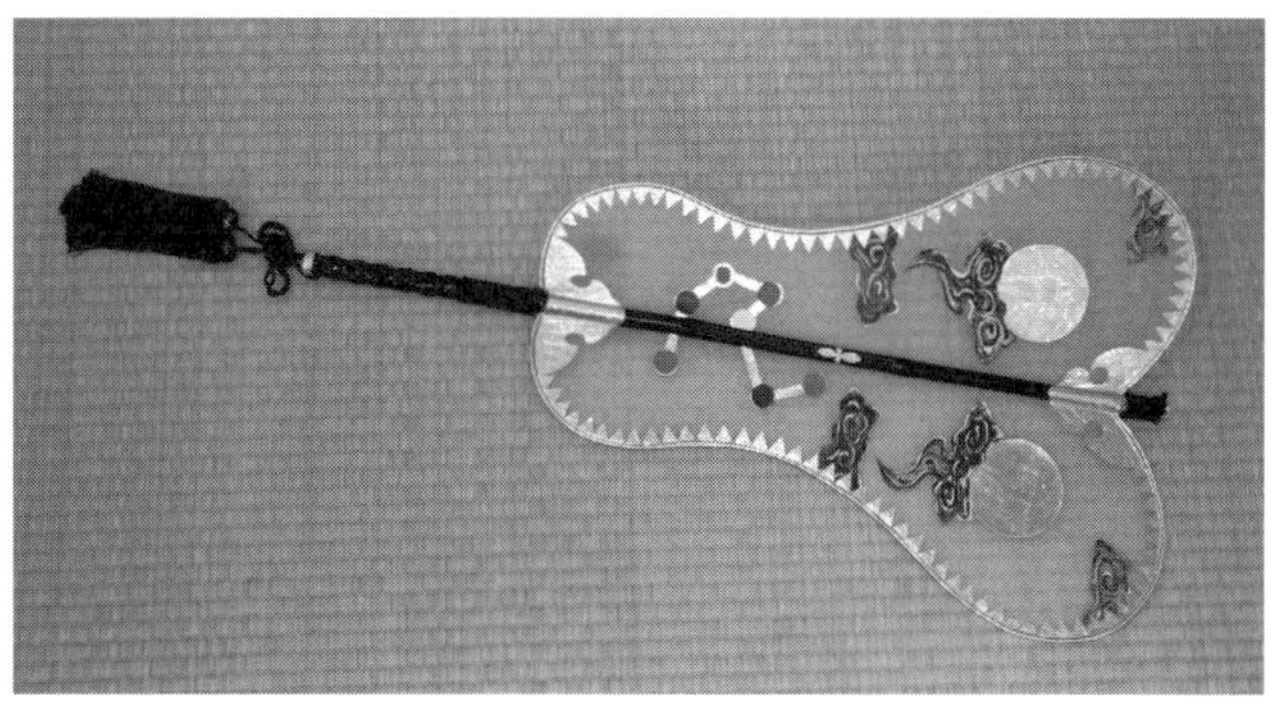

大団扇

提供：宮城能凰

組踊立方
宮城能鳳

1938年
琉球古典音楽、琉球舞踊、組踊の音楽演唄者であった徳村磯輝の三男として生まれる
幼少期より父に組踊、琉球舞踊の手ほどきを受ける

15歳　玉城源造に入門。本格的に組踊、琉球舞踊を学ぶ

18歳　公務員として琉球政府に就職する

23歳　宮城流流祖・宮城能造に師事。公務員の職を辞する

32歳　名取を許され宮城能鳳を名乗る

62歳　宮城本流・鳳乃會創設　家元襲名

組踊の解説

唱え（台詞）、音楽、舞踊で構成される歌舞劇。沖縄が琉球王朝時代に交易のあった中国皇帝からの冊封使（琉球国王の代替わりの際に、新国王を認める文書や王冠を携えた使者）をもてなす宴の中で演じられた。琉球王府の踊奉行（武士の役人）であった玉城朝薫（たまぐすくちょうくん）によって創作され、一七一九年に初演された。当初は宮廷内でのみ上演されていたが、一八〇〇年代には沖縄県下の地方でも上演されるようになり、現在も沖縄県内の村祭りなどでも上演されている。内容は、創作当時の思想を反映して、忠、孝、義が強く表現され、ほとんどがハッピーエンドで終わる。

朝薫は、江戸で能楽、文楽、歌舞伎を学び、それらを活かしながら琉球の歴史や故事、説話などを題材とし、琉球音楽と琉球舞踊を取り入れて組踊を創作した。台詞は琉球の古い言葉が使用される。

七十編の台本が残っているが、現在上演されるのはその約半分である。朝薫五番と呼ばれる『執心鐘入』『女物狂』『二童敵討』『銘刈子』『孝行の巻』は現在でも頻繁に上演される人気曲であるが、これらはそれぞれ能の『道成寺』『桜川』『小袖曽我』『羽衣』『生贄』の影響が考えられている。また組踊は、ユネスコの世界無形文化遺産に登録されている。

◉受賞歴

２００４年（66歳）
沖縄県文化功労賞受賞

２００６年（67歳）
重要無形文化財各個認定保持者（人間国宝）に認定

２００８年（70歳）
旭日小綬章受章

２０１９年（80歳）
日本芸術院賞受賞

同年（81歳）
文化功労者

修行、伝承に関するエピソード

―先生はどのようにして組踊に入門されたのでしょうか？

琉球古典音楽をしていた父の影響で、幼少の頃から琉球古典舞踊に親しんでいました。しかし高校時代には洋楽ファンで、ピアノも習い、音大進学を目指していた時期もあります。けれども母親が亡くなった事情から高校卒業後は琉球政府に勤める公務員となりました。その頃は芸能の道から遠のいていたのですが、宮城能造先生の舞台に出会い、身震いするほどの衝撃を受けたんですね。それでその後、組踊の世界に戻ろうと決心いたしまして、二十三歳の誕生日に宮城能造先生に師事いたしました。

ほどなく公務員の職を辞しまして、アルバイト生活をしながら芸の習得に励みました。この世界は、お父様も舞踊家であられるご子息様も多く活躍されており、その方たちと肩を並ばせていくためには人の何倍も努力をしなければ、という思いがあり、がむしゃらな稽古を積みました。そのうちに組踊の身体の動きの技術の基本ともなる琉球舞踊のコンクールで、三年連続で賞を受賞することでき、受賞後は宮城能鳳の名前を頂戴すると共に、指導の機会を持つ師範代を務めるようになっていきました。

―どんなお稽古を受けられたのでしょうか？

動きの要素

組踊の身体技法の基礎となるものは、琉球舞踊です。女形の基本となるのは女踊りです。（琉球舞踊は大きく四つに区分すると、若衆踊り（少年の踊り）・二歳踊り（青年の踊り）・女踊り・老人踊りに分けられる）女踊りは、なよなよと踊るのではなく「肉に骨を付けて踊る」と言われるように、一本しっかりと芯が通っていなければならないところに特徴があります。師匠は、女形の第一人者でありましたが、その一方で空手の有段者でもありました。私の稽古では、芯の強さと女性的な柔らかな表現を身に付けるために、男性の踊りである二歳踊りや若衆踊りを先にしっかりと身に付けた後から女踊りを踊り込む指導を受けました。また、手踊りの場合には、指先まで神経を使うこと、手や指の美しさは細やかさが肝心であることを教えていただきました。

唱えの要素

台詞の一字一句、特に最後の一字までを全てのお客様に完全に聞こえるように唱える稽古と、琉球古典語を正しく発音できるようにする厳しい稽古を受け

合唱団に入っていた
20代の頃
（M）

ました。組踊の唱えは、琉球の古語ですが、現在の日本語の五十音では表記できない発音が残っているんです。それらの発音を特に厳しく教えられました。ある時にはあまりにも何度も繰り返して唱える稽古が続いたので、師匠は耳が遠くなられたのかな？と思うようなことがあったほどでした。

―琉球舞踊では、最初はどんな演目からお稽古されるのでしょうか？

最初に学ぶ曲は琉球舞踊の『かじゃでぃ風』です。この曲には回転の仕方、屈伸の仕方、身体全体で舞うということ、目ぢち（目線づかい）など琉球舞踊の基本的要素が含まれています。また、男踊り、女踊り、老人踊りのいずれの役柄でも舞うことができる曲でもあります。

『かじゃでぃ風』の次に稽古する曲は『浜千鳥』という雑踊の女踊りの基本的な曲です。腰を落として踊る踊りで、ある程度すり足が入っています。また女踊りに登場する手踊りの基本動作の「こねり手」が頻繁に振りに出て来ます。「こねり手」「なより」「ガマク入れ」[*2]を最初に学ぶ曲でもあります。

私の指導では、男踊りと女踊りを交互に習得させるように心掛けており、弟子には両方がこなせる舞踊家になってもらいたいと考えています。

古典舞踊と雑踊

―琉球舞踊には、琉球王朝で踊られていた古典舞踊と庶民の踊りである雑踊とがあるようですが、その違いについて教えてください。

古典舞踊は明治以前の士族の踊り。雑踊は、明治以降に作られた庶民の生活の中から振り付けられたものです。古典舞踊での歩みがすり足なのに対して、雑踊では踏み足で踊ります。男役も女役も共に軽やかに、賑やかに、自由奔放に、おおらかに踊ります。

古典舞踊では表情を作ってはいけませんが、雑踊では表情を豊かにして口元に笑みを浮かべながら踊ります。

雑踊の大きなポイントは、リズム感が要求されるところにあります。

このように古典舞踊と雑踊では表現の仕方が大きく異なるために、得意不得意に分けられるかもしれませんが、私自身は両方好きです。私の弟子たちにも両方こなせる舞踊家になってもらいたいと思っています。

上達の判断基準

―先生は指導者としての評価も高くていらっしゃいますが、どのように弟子の上達を判断されるのでしょうか？

『仲里節』
里之子役を務めた30代前半（M）

まずは歩みがしっかりしてきたかどうかです。腰を落として歩みができているか。次に目ぢち。目線づかいが上手くなってきたかどうかで上達が判断できます。

組踊の難しさ

―組踊の演技の難しさはどんなところにあるのか教えてください。

組踊は、動きの他に唱えの技術が難しいですね。組踊の唱えは、能の謡とは異なり、役柄によって唱えのメロディが異なります。特に女と若衆の唱えはメロディアス。さらに、男役の唱えは位（身分）によっても吟使い（台詞回し）の違いがあり、音感が必要なため、音痴あるいは音感のない人には組踊は演じられません。半音でもずれると正しく表現できなくなります。組踊は「見るものではなく〝聴くもの〟」とも言われるぐらいに音楽的な要素が大きいのです。

また唱えは、琉歌の影響を持ち、八・八・八・六の言葉数にのせて、限界までそぎ落とされた突き詰めた言葉で構成されています。それゆえ一語の失敗も許されません。アドリブなどは一切使えず、一発勝負であり、そこが難しいところですね。突き詰めた言葉は、いずれも物語の進行に必要不可欠な言葉であり、感情が大きく詰まった言葉であることも多いのですが、唱える際には、感情過多にならず、常に節度を保って抑制の効いた唱え方で演じることが肝要です。

お客様に想像をしてもらいながら鑑賞してもらうのが組踊なのです。能楽と同様に背景、情景、心情の想像を巡らせて鑑賞していただくものです。そのため、演者はオーバーアクションをしてはいけないのですね。表情なども一切出してはいけません。悲しい場面でも表面では抑えて演じ、かえって観客を泣かすのが組踊です。

また最も組踊で大切なものは品性だと私は思っています。オーバーアクションは控えなくてはいけません。オーバーアクションになると、組踊ではなく芝居に近くなります。顔に表情を付けず、唱えにおいても、動きにおいても大袈裟な表現にならないように抑制を効かせ、芸に品性を持たせることが最も大切で難しいところでもあると思います。

―先生の考える良い舞台とはどんな舞台ですか？

自分の舞台では反省の連続で、なかなか満足はできないものですね。私は公演後に、どこそこの部分はできていたか？などと弟子に訊くことが多くあります。

かつて一度、無心、無我の境地になった経験があります。

構成・演出・振付を手掛けた複曲『貞孝夫』の乙鶴役（M・O）

『執心鐘入』の鬼女の役を演じていた時のことですが、体調がとても優れない時で、負担のかかるその役を無我夢中で務めていたために無心で鬼女の葛藤の部分を演じることができたんですね。その舞台の地方を担当していた太鼓方、人間国宝の島袋光史先生も同様に、この時の舞台について「とても印象に残り、無我の境地とはこんなものかなと思った」とおっしゃっていらっしゃいました。

この経験から、良い舞台というのは、必ずしも体調が良い時に訪れるということではないのかな、と思うようになりました。

とても不思議で貴重な体験でしたね。

組踊を演じる技術

組踊のさまざまな役どころの身体表現は、琉球舞踊の中でも古典舞踊を習得することで身に付けることができる。

□構え（基本姿勢）

二歳踊り（青年の踊り）では大木を抱きかかえるように、あるいは大きな水がめを抱えるように構え、足は外八文字で足幅を広く開いて立つ。

若衆踊り（少年の踊り）や女踊りでは歩幅が狭くなる。姿勢の重心は下半身に置くが、能楽等とは異なり、踵に重心は置かず、上半身をやや前傾させた姿勢を取る。

日本舞踊では上半身を反り気味にするが、琉球舞踊では前傾させる。

また女形では、体形を女形に相応しく作り上げることが必要である。肩甲骨を下げてなで肩にし、みぞおちを落とす。

□歩み（歩行）

動作の中で最も基本となるのは「歩み」。基本が「歩み」である点は能楽と共通する。「歩み」では、腰を落とし、すり足で姿勢をしっかり保ちながら歩む。能楽でのすり足が、床を押しながら前進するのに対して、「歩み」では、足の裏で床を軽くふくようにして進めてつま先を上げ、おろす。左右の足を平行に進める。演じる役柄によって、女役はつま先を真っすぐ、二歳踊りではつま先がやや外に向くという違いがあるが、平行に進めることはいずれも同じである。

□女踊りの基本的動作「ガマク入れ」「こねり手」「なより」

組踊、琉球舞踊の女形の身体づかいの特徴にガマクづかいがある。「ガマクを入れる」と表現するが、腹部側面を内側へ押し入れる。面がけ（面使い）

代表曲のひとつ
『執心鐘入』宿の女役
（M・O）

とも連動させるものである。この連動が上手くいくと自然体で柔らかい動きを表現することができる。

その他「こねり手」（手のひらを内向きから外向き、続けて指先を上から下へ下げる動き）、「なより」（上体をガマク入れと連動させて左右に揺らす）などの基本動作がある。「なより」は回転する時、あるいは体の向きを変える際に必要となる。これらの技法は女踊りで身に付けさせて、それを組踊の女形に活かす。

メッセージ

―最後に観客に向けてのメッセージをお願いします。

組踊が伝わる沖縄は、元々感情表現が豊かな島です。組踊は、沖縄に伝わる古い伝説や説話、古歌を用いながら、能楽や文楽、歌舞伎などの影響を受けて作られました。能楽と歌舞伎の中道を行くと説明されることが多いですが、激しい情感を、敢えて抑えて演じるところなどは能に近いと思います。ただし、能とは異なり、面（おもて）を使わず、直面で顔の表情に抑制を加えて品格を持たせて演じるところに特徴があります。

物語が現在進行形で進み、ストーリー展開が早く、エンターテイメント性にも優れた歌舞劇だと思います。世界各国の方に楽しんでいただける芸能だと思いますので、ぜひ多くの方にご覧いただきたいと思っております。

（インタビュー　二〇一五年十二月二十一日　宮城本流鳳乃會稽古場にて）

＊１：雑踊　１１７頁１行目以降参照
＊２：こねり手、なより、ガマク入れは女踊りの基本動作。１２１頁16行目以降参照

組踊　立方
新垣悟

写真提供　新垣悟

1975年　一般家庭の子供として生まれる
幼少期より踊ることを好み自己流で家族の前などで踊る
10歳　小学校のクラブ活動で沖縄の三線を習う
小学校卒業後、三線の師匠に入門
大学入学まで続ける
17歳　宮城能鳳師に入門　組踊、琉球舞踊を学ぶ
18歳　沖縄県立芸術大学に入学
29歳　国立劇場おきなわが開館。嘱託職員

―現在の修行で課題となっている演技技法などについて教えてください。

師匠から自然体で品格をもって演じることの大切さを常に教えていただいています。具体的な技としては、「歩み」、「ガマク」、「目ぢち」などの技と共に、「こなし」と呼ばれる振りと振りをつなぐ動きが上手くなると型が決まるように思います。どのようなタイミングで写真を撮られても形が良いような動きの流れを作ることを教えていただいていますが、これらを上達への課題としております。

―同世代の若い人たちへのメッセージをお願いします。

組踊は、セリフ・音楽・舞踊からなり、わかりやすいストーリー展開で人の心を動かす楽劇です。様式化、抽象化された演技であるということや、場面の約束事、そして大まかなストーリーを事前に理解していれば、どこの国の方にも楽しんでいただけるパフォーマンスだと私は思います。

また、組踊は沖縄の村々でもプロ顔負けの芸達者な人々によって演じられています。そこでは、お酒を飲みながらヤジが飛んだり、掛け声がかけられるような和やかな、ゆったりとした時間の中で演じられます。

ぜひ芸能が盛んな沖縄へお越しいただき、劇場での組踊と共に、村々での組踊も楽しんでいただけたらと思います。

（インタビュー　二〇一五年十二月二十二日　那覇市内にて）

を兼任しながら組踊、琉球舞踊の修行および舞台活動を行う

仇討ち物の大作
『忠臣身替の巻』
（ＫＯ）

琉球舞踊
立方

房指輪（KA）

琉球舞踊 立方
志田房子

1937年
一般家庭の娘として沖縄に生まれる
3歳　玉城盛重に師事
9歳　沖縄民政府文化部芸術課主催芸能審査会にて資格証明書取得
17歳　沖縄タイムス社第1回芸能祭ベストテン入賞
19歳　根路銘房子舞踊研究所開設（志田房子旧姓）
44歳　志扇雅び会発足　横浜と沖縄に教室を開く
70歳　会の名称を重踊流に変え、初代宗家となる

琉球舞踊の解説

琉球舞踊は、組踊の成立以前より琉球王朝において踊奉行を中心とした士族によって宮廷（首里城）で踊られてきた踊りである。

踊奉行の役職は、中国皇帝からの使者（冊封使）たちが琉球滞在中に、宴で踊りなどの芸能を披露し、もてなすために設置されていた。冊封使の乗る船が「御冠船（おかんせん）」（琉球国王の印となる王冠を携えていた）と呼ばれていたため、宴で披露された踊りを「御冠船踊り」とも呼ぶ。この「御冠船踊り」が現在の琉球舞踊における「古典舞踊」として踊り継がれている。また現在の琉球舞踊には、明治維新後に踊奉行の士族が失業したために街の劇場で庶民の生活をテーマにして踊った「雑踊（ぞうおどり）」、そして戦後に生まれた「創作舞踊」の三種類のジャンルがあり、それぞれ次のような特徴がある。

①**古典舞踊**：十八世紀〜十九世紀中旬にかけて大成。格調高いゆったりとした歌三線の音楽に合わせて、紅型の雅やかな衣装で踊る。

②**雑踊**：庶民の生活や思いを主題とした踊り。リズミカルな躍動感溢れる軽快な踊りや、哀愁のあるしっとりとした作品など。庶民の日常の着物を着て足袋で踊るものもあるが、素足で踊るものもある。

◉受賞歴
1963年（26歳）沖縄タイムス社芸術祭グランプリ受賞
1986年（49歳）文化庁芸術祭賞受賞
1991年（54歳）芸術選奨文部大臣賞受賞
2004年（67歳）沖縄県文化功労者表彰
2009年（72歳）重要無形文化財「琉球舞踊」保持者（総合）に認定
2019年（81歳）文化庁長官表彰

③創作舞踊‥戦後に生み出された新しい振付の踊り。

修行、伝承に関するエピソード

―房子先生は小さい頃からご活躍されている舞踊家ですが、どのような経緯で稽古を始められたのでしょうか？

　母親が私を舞踊家に育てるという大変強い意思を持っていました。二、三歳頃から稽古に通い始めたのですが、稽古に一緒に来ていた母は、自宅に戻ってからも母が歌う歌に合わせて復習をさせ、手の振り、目線、首の動きなどを厳しく指導しました。母は裁縫をしながらでも、私が間違えそうなところが来ると確認をして、間違えると裁縫道具である長い一メートルの物差しで私の手などを叩き、「房子が悪いのではない、この手が悪い」と言って正しい手の位置で踊れるように指導したんです。私は泣きながら踊り、最後は疲れ果てて眠ってしまうのが常でした。後から知ったことですが、私が眠ってしまった後に母も泣いていたそうです。

　今の時代の稽古では、弟子は一人の師匠に付き、あらゆる種類の踊りを習うのが通常ですが、かつては各舞踊家の得意な演目をそれぞれに習うということが行われていた時代がありました。私は師匠の玉城盛重師が亡くなった後、母に連れられて八人ほどの舞踊家の師匠にそれぞれの得意な演目の稽古を受けました。免状も各先生方よりいただいています。多くの師匠に学んだことから、舞踊家によるエッセンスの違いを学び、自分も自分なりの演目の理解で踊ればよいということを掴めたように思っております。

また自宅では、母と年の離れた姉からも厳しい稽古がありました。母は私が受けていた盛重師をはじめとした師匠たちからの稽古を全部見ていたので、私の踊りと師匠たちの踊りとの違いを指摘できたのです。また姉は盛重師に琴を習い、盛重師が踊る際にも伴奏をしていたので、盛重師との違いを指摘することができました。

母は舞踊界において「校長先生」というあだ名で呼ばれていた人で、舞踊家ではなかったけれども、琉球舞踊のことをよく知っている存在として業界で重宝されている人でした。

作品づくりのきっかけ

戦後間もない頃から舞台活動が始まりまして、多忙な毎日を過ごしました。私が師匠から初めに学んだのは古典舞踊でしたが、小学生時代までに古典舞踊のほとんどを身に付けていました。中学生になった頃には、雑踊の作品作りを始め

元服前の少年の出で立ちで
踊る若衆踊『特牛節』
14 歳の頃
（T）

ました。作品作りのきっかけは、踊りの曲の歌詞が大人の恋の話が多いため、子ども用の曲が欲しいなと思ったことです。それで子ども用に歌詞を作り、振付をして踊るようになりました。雑踊や創作での作詞や振付は、現在も継続しています。

―先生は数多くの作品を創作されていますが、中学生から創作をされている方は珍しいのではないでしょうか。現在はどのように創作されるのでしょうか？

ひらめきを感じながらの創作

師匠が亡くなり、母も亡くなった後は、自分の記憶の中にある師匠たちの踊り、言葉、感覚が師匠の代わりとなりました。

私はいつも踊る前に神仏に〝正しく踊れるように。間違いがあったら悟らせてください〟と祈りを奉げてから踊ります。特に新作を創作する時などには、母や神仏の言葉が聞こえてくるような気がして、神仏と対話しながら創作しているような感覚です。ひらめきが自分の中に降りてきて、作品を創作するのであり、自分個人で作り出しているとは考えていません。

舞台で踊る際にも、〝自分でどのように踊ろう〟という意識よりは、何か特別な世界に入っていくような感覚です。時に舞台から戻った後で、意識が戻るよ

18 歳で第 1 回
ハワイ公演を行う
（T）

うな感じがあり、自分はちゃんと踊ったのかな?と思うようなことがあります。舞台は、音楽の世界にそっと薄い幕をあげて入っていくような感覚です。

日々の祈りと舞台を務める時の祈り

沖縄では古くより、万物に宿る神様に感謝する風習や、先祖崇拝の文化が根付いています。また、私の母は、毎朝、天の神様、地の神様、家の四隅の神様、その間の神様に向かい、守られていることに感謝して「今日も一日お願いします」とお願いをしていました。私も母に習い、毎朝亡くなった母や祖父、祖母の位牌に挨拶をして、「今日も一日お願いします」、毎晩「明日も元気に朝を迎えられますように」と祈ります。

舞台を務める際には、「お客様、音楽を演奏する地謡さん、皆さんを守っていただいて、今日の舞台の時間が楽しく過ごせますように。お客様がお家を出る時に気持ちよく楽しく出て来られますように。お帰りまで楽しい気分で過ごせますように。これから沖縄の踊りを踊ります。沖縄の良い文化を伝えたいので、神様、先祖の皆さまのお力を添えてください」と祈ります。

劇場に到着しても舞台の神様に向かって、「○○（住まいの住所）に生活して

『汀間美童』は上皇陛下にもご覧いただいた創作舞踊（ＫＯ）

いる志田房子がこちらの大事な舞台をお借りして沖縄の踊りを踊ります。どうか受け入れてください。今日のこの日、ここで過ごす時間をお客様、地謡さん、出演者、スタッフ一同で良い時間となりますように」とお願いする。上演前には、自分自身に塩をまき、いただいて(舐めて)自分自身を清める。続いて出演者一同、また受付スタッフ一同にもお塩を少しずつ舐めてもらい、身を清めてもらってお客様をお迎えしています。

—お嬢様の真木先生にはどのように指導されるのでしょうか?

私の母は、私には大変厳しく指導しましたが、孫の真木への指導は褒めて伸ばす方法を取り、私にも同じ方法を強要したのですね。

母は真木に、幼少期には「あなたは才能がある」とことあるごとに言い、すり込むような育て方をしました。私にも「褒めて育てなさい」「叩いてはダメ」「手をかけてあげなさい」「なるべく多く舞台に立たせなさい」と言い、私も真木に手をあげることなく育てました。

上手な踊りとは?

コミカルな雑踊『取納奉行』の衣装は琉球絣にミンサー帯（ＫＯ）

—上手な踊りとはどんな踊りですか？

「静中動」という、静かな動きをしている中でも身体の中では動いている、という意味の言葉がありますが、私はなるべく動かない（振りを少なくして）ことで美しさや内面を表現しようと努めています。

動いて表現しようとする考え方ではなく、動かないことで表現する方がずっと多くを表現することに近づけると思います。

メッセージ

—最後に琉球舞踊にはどんな役割があると考えていらっしゃいますか？

沖縄は戦争で過酷な経験をした土地で、戦争がどれだけ悲惨な現実をもたらすのかということを身をもって知っている地域です。その地域の芸能である琉球舞踊には、踊りを通して人々が平和でありますようにと、人々の幸せを願う心を伝える役割があるのではないかと思っています。

私たち親子も、琉球舞踊を通してこのような役割を世の中に対して果たし、少しでも平和な世の中に貢献してゆきたいと考えています。

（インタビュー　二〇一六年二月二十六日　重踊流稽古場にて）

琉球舞踊
立方
志田真木

1970年
琉球舞踊家　志田房子の二女として生まれる
3歳　母・志田房子に師事
26歳　沖縄県立芸術大学大学院修士課程修了
36歳　重踊流二世宗家となる

―真木先生は大学時代からしばらく沖縄で生活をされていたそうですが、やはり沖縄で生活をすることが琉球舞踊に役立ちましたでしょうか？

私は東京育ちだったため、琉球舞踊家としてその芸能が誕生し育まれた地で生活することも必要なのではないかと考え、沖縄県立芸術大学が創設された時に一期生としての入学を機に沖縄へ渡りました。その後大学院に進学し、卒業後も拠点を沖縄に置き、その沖縄の四季や時間の中に身を置き生活ができたことは、作品と向き合う時にいい経験となっているように思います。

ただ、琉球舞踊を広く知ってもらうためには、沖縄からの発信のみではなく、東京からの発信も有効なのでは、と考えるようになり、東京で過ごした年月よりも沖縄での時間が長くなった頃、約二十年間の滞在を節目に東京に戻ってまいりました。

舞台に立つ時には「毎回オーディションと思うように」と師匠に教えられてきました。東京の地でも他の芸能や伝統芸能と並んで琉球舞踊を認知してもらえるよう、ひとつひとつの舞台を大切に務めています。

―沖縄の魅力、琉球舞踊の魅力について教えてください。

沖縄には風通しの良さ、許し合い、助け合える寛容さや柔軟さ、「どうにかなるよ、頑張ろう」と言い合いながら努力する風土があるように思います。沖縄

●受賞歴
2008年（38歳）
沖縄タイムス社　芸術選賞大賞受賞
2015年（45歳）
文化庁 芸術祭 大賞受賞など

創作『今帰仁の桜』では凛々しい姿に
（C）

料理や沖縄の音楽は、全国的に随分と認知度が上がりましたが、琉球舞踊は今のところまだそこまでではないように思います。

琉球舞踊を通して沖縄の風土や心を感じてもらえることも、琉球舞踊の魅力ではないかと思います。たくさんの方に興味を持っていただき、琉球舞踊の魅力を味わっていただけるようになることを願っています。

（インタビュー　二〇一六年二月二十六日　重踊流稽古場にて）

代表的な沖縄民謡でもある雑踊『谷茶前』（C）

＊扉・本文下段の写真クレジットは誌面の都合上、次の通り記号にて記載させていただきました。
ご協力いただきました皆様に感謝申し上げます。

（S）写真提供：関根家
（Y）写真提供：山本家
（O）写真提供：大倉源次郎
（N）写真提供：宗家西川流
（KT）写真提供：神崎貴加江
（M）写真提供：宮城能鳳
（M・O）写真提供：宮城能鳳　撮影：大城洋平
（C）写真提供：重踊流
（KO）写真提供：国立劇場おきなわ
（KY）撮影：神田佳明
（KA）撮影：川辺章生
（D）DVDより切出し
記載のないものは著者撮影
イラスト：田中淳奈　森田朱音

研究報告

筆者らがこれまでに行った伝統芸能の実演者に協力を賜り、芸の技を実証的に計測した結果の一部を紹介します。

視線追尾実験の装備をする西川扇藏先生　　狂言演技中の呼吸を計測中の山本東次郎先生

1. 視線追尾実験

森田寿郎　慶應義塾大学准教授
青木駿成　坂上竜馬　足立大樹　慶應義塾大学理工学部機械工学科・森田研究室大学院生

日本の伝統芸能において達人の身体づかいの特徴について実演家の先生方に質問をしたところ、複数のジャンルで共通して「身体の芯や軸をしなやかに保つ」「余分な力を抜く」という回答を得た。そこで、これらがどのような身体部位をどのように扱う身体技法を示しているのかを明らかにする手掛かりを求め、熟達差を踏まえて視線追尾実験を行った。

実演者の演技を見る際に、演者のどこの身体部位を見ているのかということを計測し、そこに熟達差が存在するのかどうかを調べた。

◉実験協力者

能楽シテ方、文楽人形遣い、日本舞踊（歌舞伎舞踊）、地唄舞、各ジャンルの熟達者と非熟達者にご協力いただいた。各人の詳細は表1に示す通りである。

表1. 視線追尾実験協力者

ジャンル	熟達差	経歴	性別	所属等	
能楽シテ方	熟達者	舞台歴66年	男性	金春流シテ方	観世寿夫記念法政大学能楽賞受賞者
	非熟達者	稽古歴25年	男性	金春流シテ方	能楽師セミプロ
文楽 人形遣い	熟達者	舞台歴41年	男性	技芸員	国立劇場文楽賞文楽奨励賞受賞者
	非熟達者	稽古歴6年	男性	技芸員	足遣いプロ
日本舞踊 (歌舞伎舞踊)	熟達者	舞台歴86年	男性	宗家西川流	人間国宝
	熟達者	舞台歴56年	女性	宗家西川流	文化庁芸術祭賞優秀賞受賞者
	非熟達者	稽古歴4年	男性	宗家西川流	家元弟子 住み込み修行中
地唄舞	熟達者	舞台歴49年	女性	堀派神崎流	堀派神崎流家元
	非熟達者	稽古歴7年	女性	堀派神崎流	稽古者

◉対象とした課題動作

課題動作は、各ジャンルにおいて振りの手数が多く、大きく動く要素を含むことを条件として熟達者の実験協力者に選定していただいた。次に示す50〜84秒の課題動作であった。

＊能楽 シテ方：仕舞「海人」より50秒

＊文楽 人形：立方の型「座る—立つ—棒足—六方—カンヌキ」を連続して行う54秒

＊日本舞踊（歌舞伎舞踊）：常磐津「山姥」より83秒

＊地唄舞：地唄「黒髪」より84秒

なお本実験における実演者（4ジャンル共に舞台歴20年以上の中堅以上の実力をもつ実演家に依頼）は、計測のために事前に課題曲の稽古を重ねることはなく、計測当日に選定された課題曲を実演していただいた。いずれの課題も、実演者にとっていつでも実演が可能である作品や型からの実演であった。

非熟達者(稽古歴25年)

熟達者(舞台歴66年)

図 1. 能楽シテ方 視線追尾結果

計測結果は、各実演中最も動きの変化が大きな4ヵ所の切り出し場面と切り出した時点から前1秒分の視線の追尾結果を線と円（終了地点）で示した図、ならびに計測中の撮影映像をエリアで区分し、各エリアに視線が置かれていた時間をパーセンテージで示した図によって提示した。

能楽シテ方の視線計測の結果を、図1と図2に示した。課題動作は、海人が海底に飛び込み竜宮にある名珠を竜神から取り戻す部分の舞であった。

図1の視線マーカーの動きからは、非熟達者の視線は動く手先を追っていることが分かった。動かず座している際には顔の辺り（右から2枚目）を、扇子が動く際には、扇子（右端）をそれぞれ見ていたことが分かった。一方の熟達者は、振りの手先や顔を見ることはなく、立った移動をともなう場面では、床に対して垂直に視線が動き（左端、左から2枚目）、座している場面では体幹の辺り（右から2枚目、右端）を見ていたことが分かった。

非熟達者（稽古歴25年）

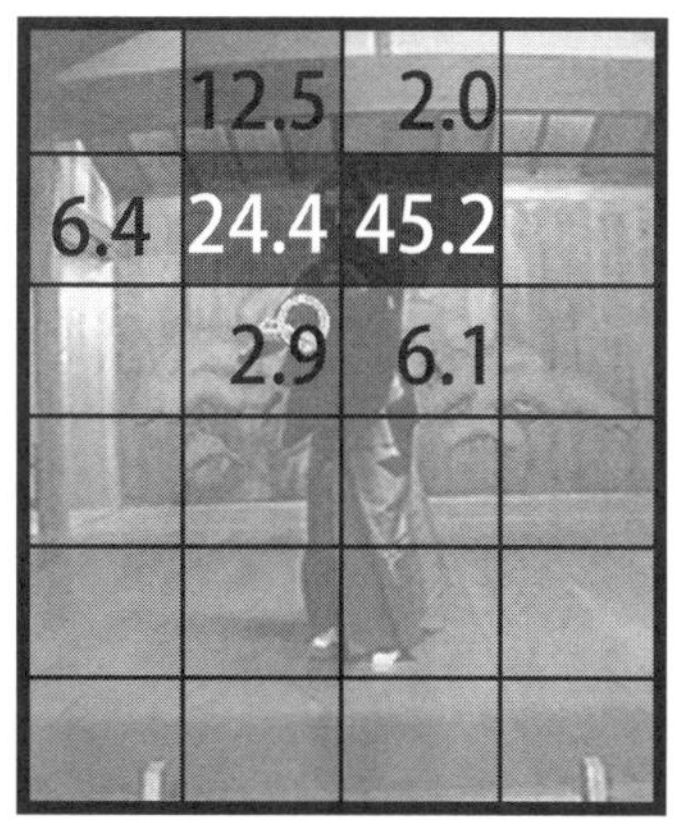

熟達者（舞台歴66年）

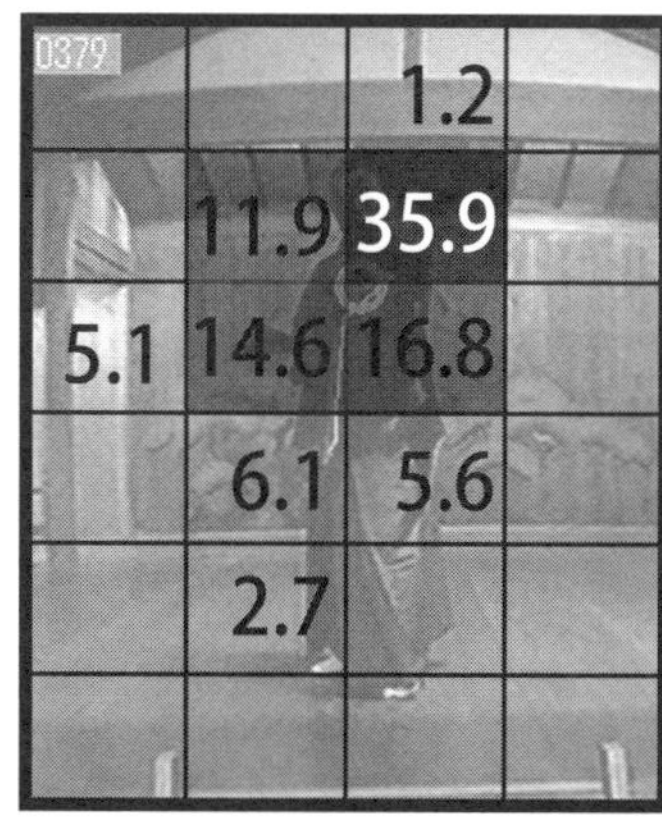

単位：%

図2. 能楽シテ方 視線領域結果

図２の視線停留時間のエリア区分では、座す前の立った振りの場面13秒間の比較を示したが、非熟達者の視線の範囲は上肢にあり、一度も膝の辺りを見ていないことが分かった。熟達者は、腰や膝にも視線が移動していたことが分かった。

非熟達者(稽古歴6年)

熟達者(舞台歴41年)

図 3. 文楽(人形遣い)視線追尾結果

文楽(人形遣い)の視線計測の結果を、図3と図4に示した。課題動作は、立ち上がり、片足立ちをし、両手を頭上で合わせてから足を広げてミエをきり、最後に両手を真横に広げる演技であった。

図3の視線マーカーの動きからは、非熟達者が人形の手の動きと首（かしら）を見ていたことが分かった。一方の熟達者では、首から足先までの垂直方向に視線が動き、両手を首より高く合わせる際には合わせた両手から垂直方向に視線が動いていた。

非熟達者（稽古歴 6 年）

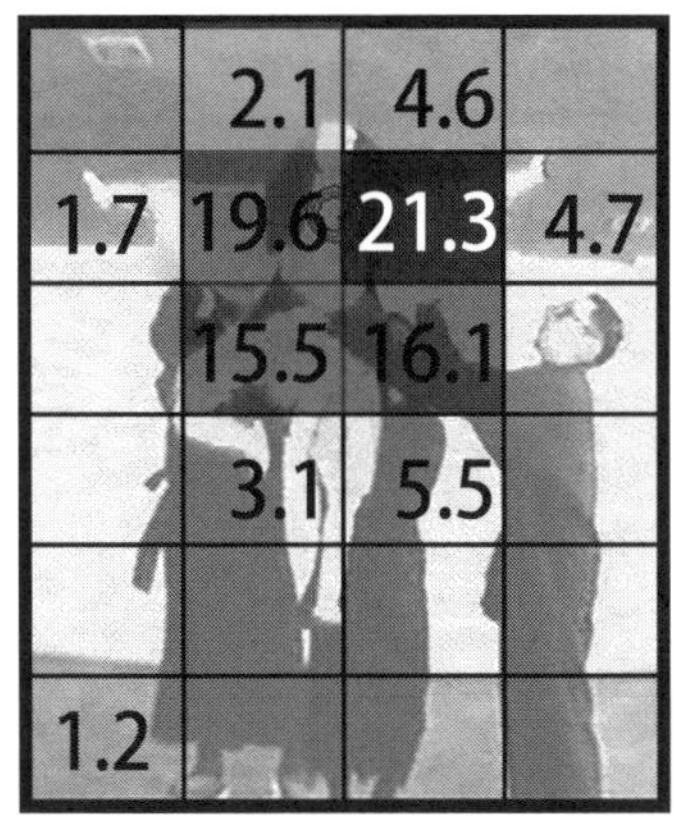

熟達者（舞台歴 41 年）

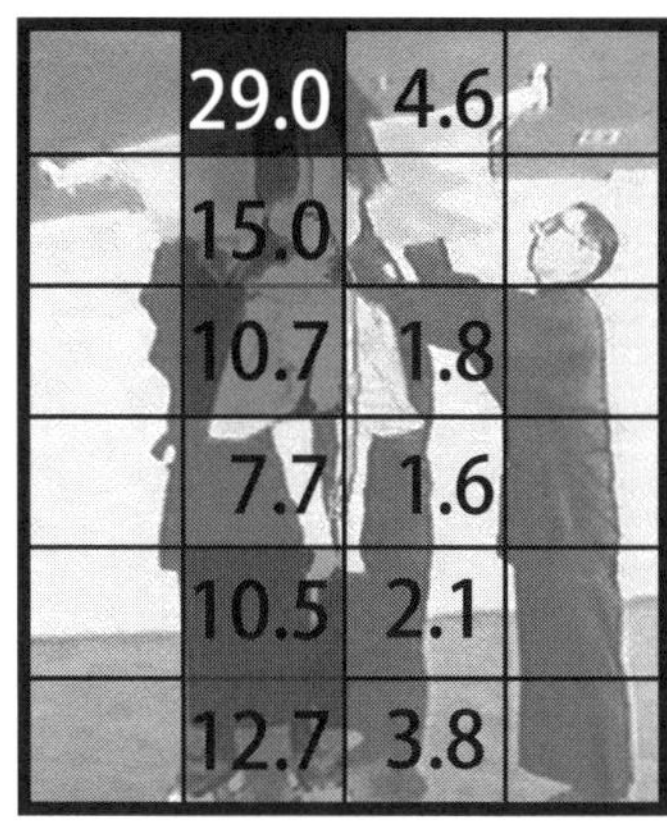

単位：%

図 4. 文楽（人形遣い） 視線領域結果

図４の視線停留時間のエリア区分からは、非熟達者の視線の範囲が上半身を中心としているのに対して、熟達者では首から足先の垂直方向、人形の正中線上に視線が多く移動していたことが分かった。また、非熟達者は左端列かつ最下行のエリアを見ていたが、その理由は文楽の足遣いが人形の動きに合わせて足拍子を踏む様子を確認していたことにあった。

非熟達者(稽古歴4年)

熟達者(舞台歴56年)

図5. 日本舞踊（歌舞伎舞踊）視線追尾結果

日本舞踊（歌舞伎舞踊）の視線計測の結果を、図5と図6に示した。課題動作は、遠くの山を眺めるなどの上肢の所作と片足ずつ足裏を滑らすおすべりなどの下肢の動作を同時に行う、身体の向きを変化させるなど、常にさまざまに動き続ける踊りであった。

図5の視線マーカーの動きからは、非熟達者が動く手先や足先を追って見ていたことが分かった。一方の熟達者は、顔、首、胸の辺りのみを追い、ほとんど視線を移動させていないことが分かった。

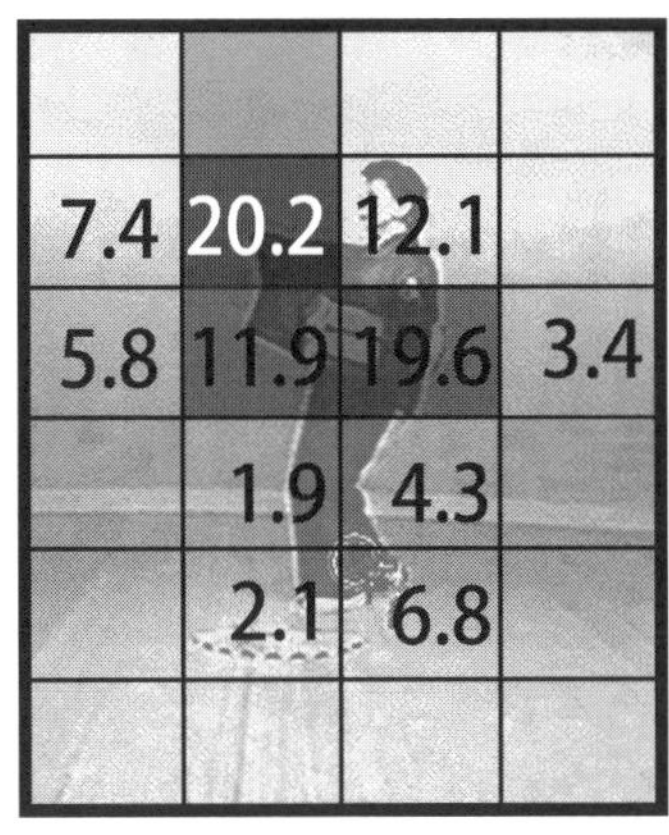

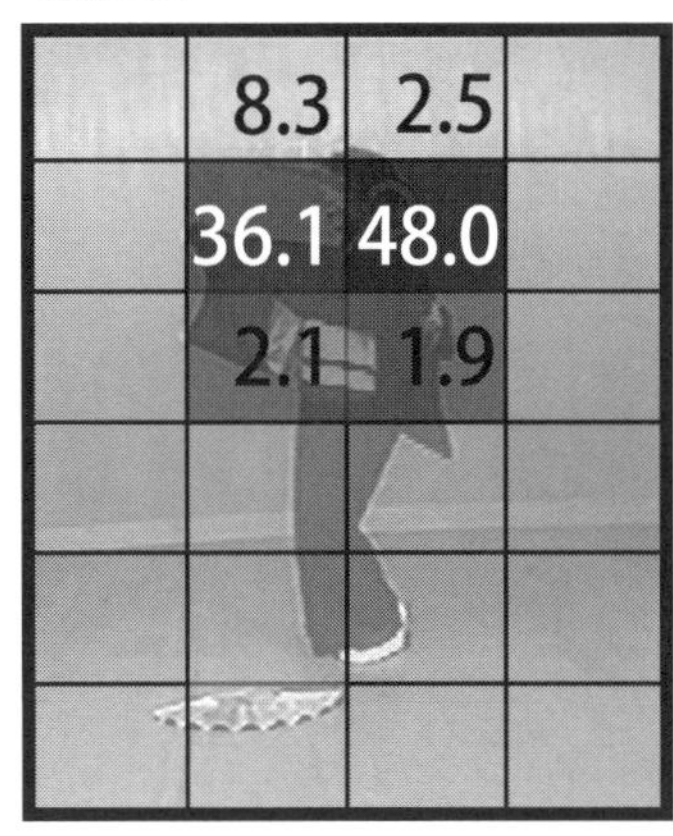

図 6. 日本舞踊（歌舞伎舞踊） 視線領域結果

図6の視線停留時間のエリア区分からは、非熟達者が広範囲に視線を動かしていたのに対して、熟達者では顔、首、胸の辺りに視線が集中していたことが分かった。

なお、ここでは熟達者として舞台歴56年の実験協力者の計測結果を用いたが、舞台歴86年の実験協力者においても、舞台歴56年と同様の傾向が強いことが確認できた。ただし、一部の計測に欠損が生じたために、ここでは舞台歴56年の実験協力者の結果を示した。

非熟達者(稽古歴7年)

熟達者(舞台歴49年)

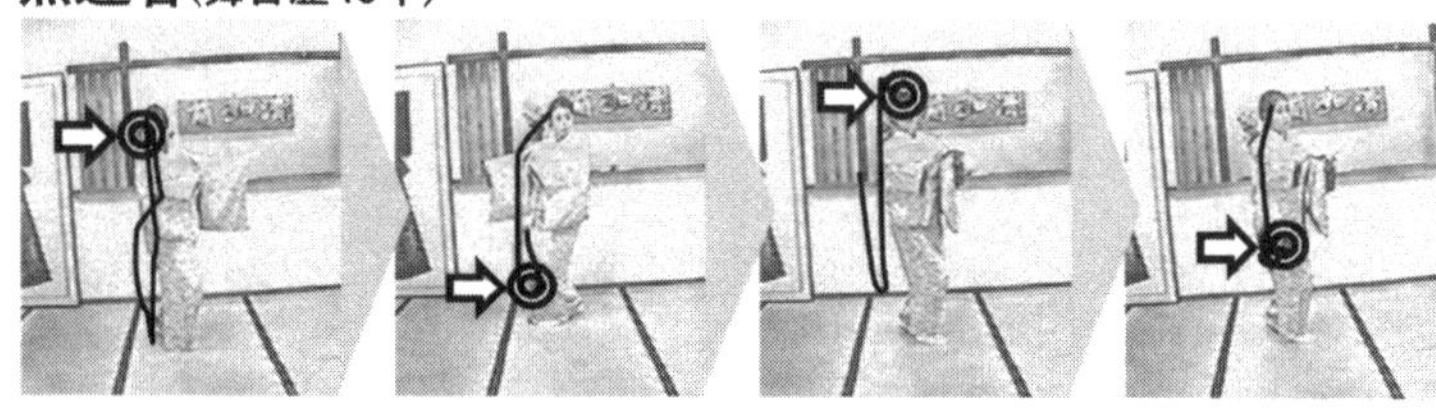

図 7. 地唄舞 視線追尾結果

地唄舞の視線計測の結果を、図7と図8に示した。課題動作は、袂（たもと）を左右に揃えながら身体の方向を変える所作（お姿）、日本髪のほつれ毛を押さえる所作、懐紙を帯の間から出して開き一枚丸めて捨てる所作など、細やかで具体的な動作をゆっくりと舞うものであった。

図7の視線マーカーの動きからは、非熟達者が動いている手先を追っていることが分かった。一方の熟達者では、頭から膝、足先までの垂直方向に視線が動いていたことが分かった。このことは、図8の視線停留時間のエリア区分によっても示された。

なお、この振付においては身体の向く方向の変化が10回あったが、そのうち7回で視線の上下動がみられ、身体の向きの変化と垂直方向への視線の移動が連動する傾向がみられた。

非熟達者（稽古歴 7 年）

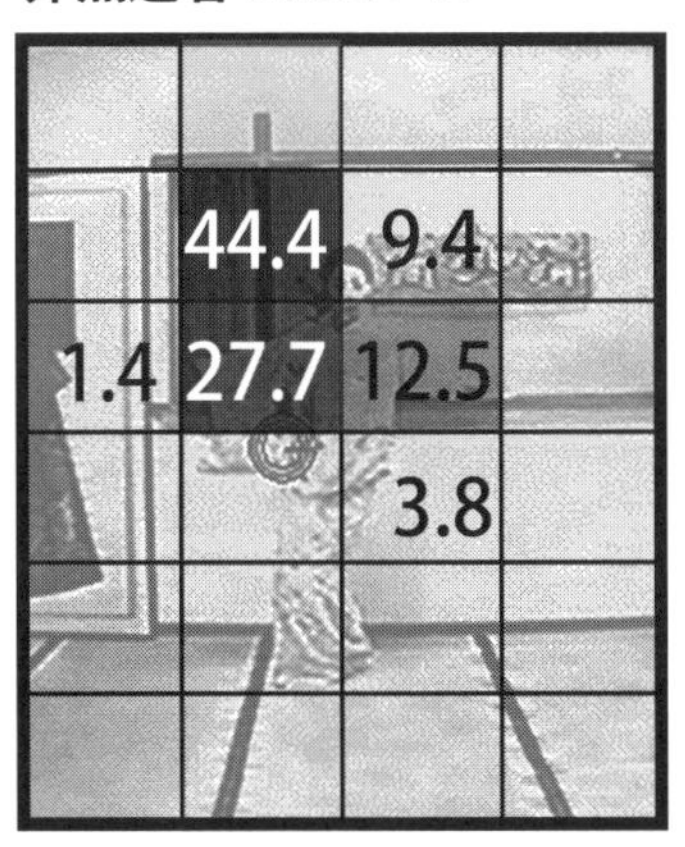

熟達者（舞台歴 49 年）

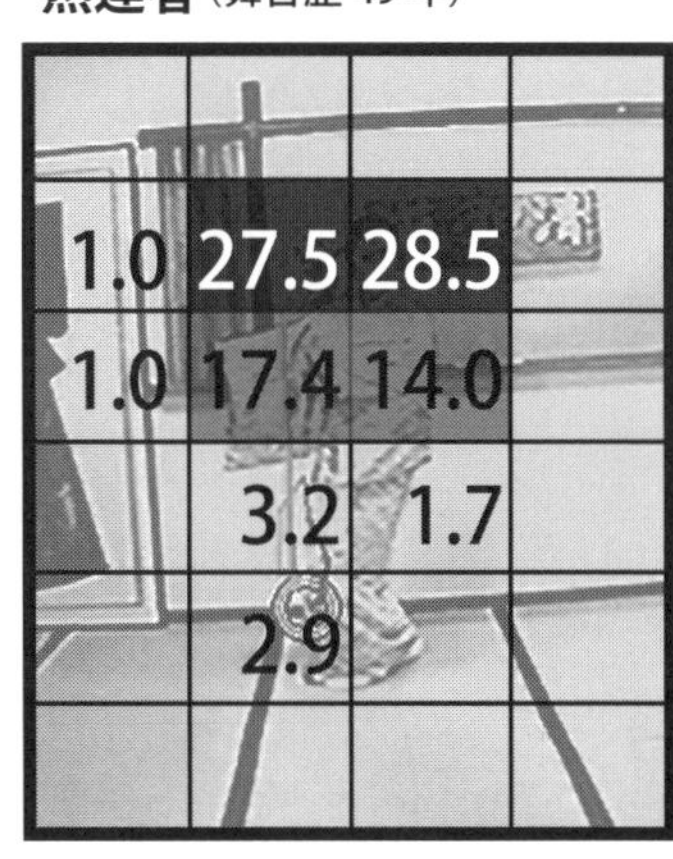

単位：%

図 8. 地唄舞 視線領域結果

これらをまとめて考察すると、4 種類のジャンルに共通して非熟達者には振りの手先を追う傾向がみられたが、一方の熟達者には手先、足先の追尾はみられなかった。また熟達者は姿勢の変化の際に垂直に視線を動かす傾向がみられ、身体が垂直に保たれているかどうかを確認する傾向がみられた。

ただし、日本舞踊においては、首、頭、胸の辺りの上半身のみを見ていた。これは、聞き取り調査時にポイントとなる身体づかいを伺った際に、「首、胸、背中の肩甲骨の動きが重要。特に肩甲骨の使い方に習得度が出やすい」と述べていた内容と関連があると考えられた。

本研究は、JSPS 科研費 JP17K01641 の助成を受けたものです。

2. 狂言研究資料

森田ゆい　東京立正短期大学専任講師

2―1. 小舞22曲に技の習得課題が存在していることを読み解く

大蔵流山本家で舞われる小舞22曲を取り上げ、22曲を初期8曲、中期7曲、後期7曲に区分して、それぞれの習得課題を読み解く試みを行った。

なお小舞とは、1分～7分弱程度の舞である。練習曲であると同時に、狂言の演目中で酒宴の場面などで舞われることもあるが、単独で作品として公演で舞われることもある。謡い出しの一節を舞手が謡い、続いて地謡が謡う小謡に合わせて黒紋付の着物に袴姿の舞手が舞うものである。

表2に作品名と初期、中期、後期の区別を示した。

図9に、歌詞の文字数が1秒間に何文字謡われるのかを算出したテンポを示した。

表3に、各小舞に含まれる動作の要素を分類した内容を示した。

図10に、初期、中期、後期別に新しく習得される移動の軌跡を舞台の真上から見た視点から示した。なお能舞台は、真上からみて横と縦を3分割した9つに区分されており、それぞれに名称を持つ。能楽（能と狂言）の舞台において、どこの立ち位置に立ち、どの位置からどこの位置へ移動するかということは、演技上のテクニックにおいてとても重要な要素となっている。

表 2. 狂言小舞（大蔵流山本家 22 曲）

初期	中期	後期
1.　盃	9.　道明寺	16.　十七八
2.　土車	10.　海人	17.　暁の明星
3.　泰山府君	11.　鵜飼	18.　桑の弓
4.　雪山	12.　景清	19.　柴垣
5.　雁雁金	13.　放下僧	20.　住吉
6.　餅酒	14.　七つに成る子	21.　府中
7.　三人夫	15.　宇治の晒	22.　いたいけしたる物
8.　松楪		

図 9. 狂言小舞 22 曲の習得順番とテンポ

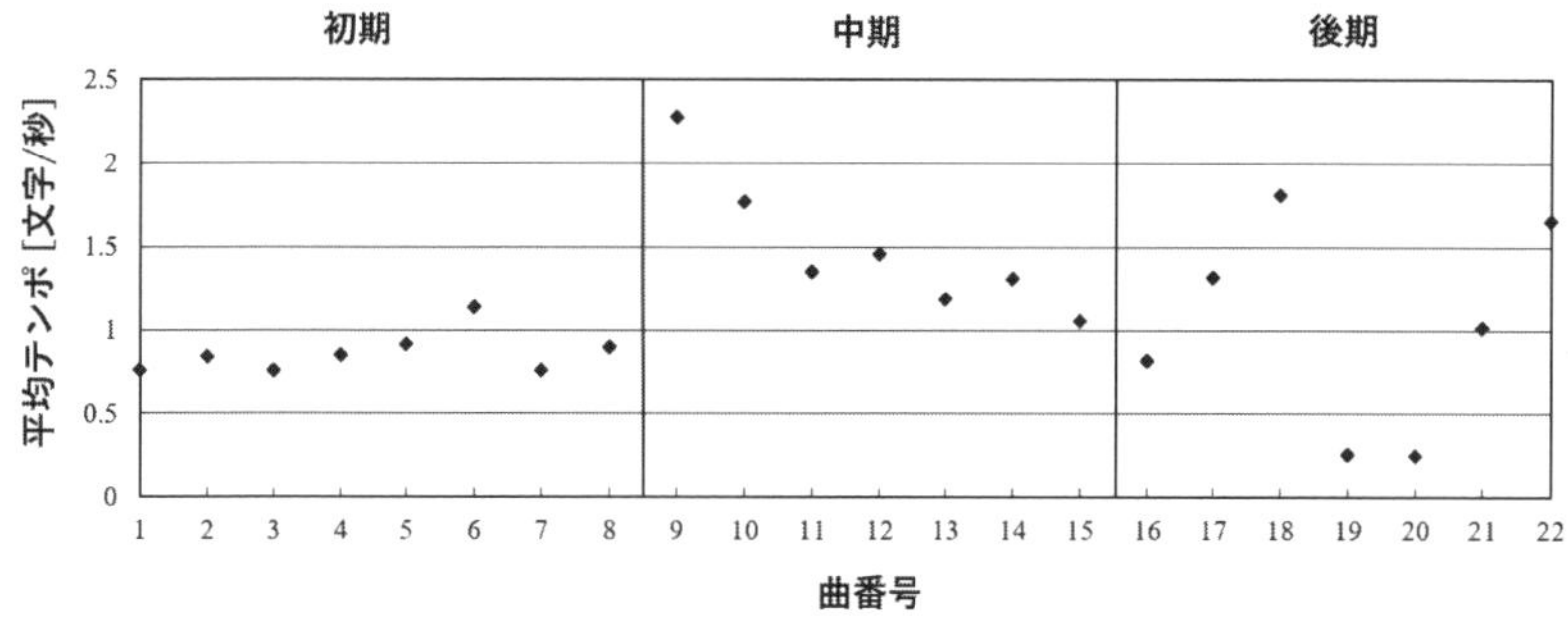

表3. 小舞22曲に含まれる動作の要素

習得時期			前期								中期							後期						
演舞時間			1分10秒～1分41秒								1分52秒～5分21秒							50秒～6分44秒						
習う順番			1	2	3	4	5	6	7	8	9	10	11	12	13	14	15	16	17	18	19	20	21	22
空間的要素	立ち位置（移動）	ハコビ	■	■	■	■	■	■	■	■	■	■	■	■	■	■	■	■	■	■	■	■	■	■
	特異な移動	回転（身体の中心軸を移動させながら回る）													■			■						
時間的要素	速さ	遅い（曲）				■				■											■	■		
		速い（曲）									■									■				
	速さの変化										■	■										■		
	リズム	足拍子									■	■	■	■	■	■	■	■	■	■	■		■	■
動作的要素	全身の動き	舟こぎ動作														■	■					■		
		膝をつきしゃがむ							■		■	■	■	■	■							■		
		腰を折ったハコビ																			■			
		上半身を折る																						■
	上肢（扇）の動き	両手を真横					■	■	■			■											■	
		両手を頭上												■	■	■								
		片手を真横														■								
		片手を頭上														■	■				■	■		
		扇の見立て									■	■	■	■	■				■		■			■
		扇の特別な扱い					■	■	■		■	■	■	■	■				■		■			■
	下肢の動き	片足立ち													■									
		背伸び											■			■	■							
		膝を折りしゃがむ														■		■						
		クロス											■											
		跳躍									■													■
		曲の途中で座り、立つ												■	■									
		蹴る																						■
	頭部の動き	首振り												■					■					
	手足を別々に動かす	ハコビのリズムと上肢の動きの別リズム	■	■		■					■	■	■		■		■	■	■				■	
その他	目線の動き	写実的表現			■						■	■	■		■	■			■					■
	身体を殺す：男性の身体から離れる											■												
登場数合計			2	2	2	3	3	3	4	2	10	10	9	8	11	9	6	5	7	3	7	6	4	8

図9、表3、図10から、前期では基本となるテンポの習得、基本的な動作、移動が習得されていることが分かる。中期になると速いテンポ、多種多様な動作、変則的な移動が習得されていることが分かる。そして後期になると、特別に遅いテンポ（図9に示した19、20の曲）の習得がなされる他には、新しい動作や移動の習得は少なくなり、すでに身に付けている内容の復習がなされていることが分かる。

伝統芸能では、稽古の際に具体的な技の習得課題について言及されることは少ない傾向がある。しかしながら実際には、どのような順番で技を習得させていくのかは、熟考されていることが推察できた。

図10. 狂言小舞に新しく登場するハコビ（移動）の軌跡

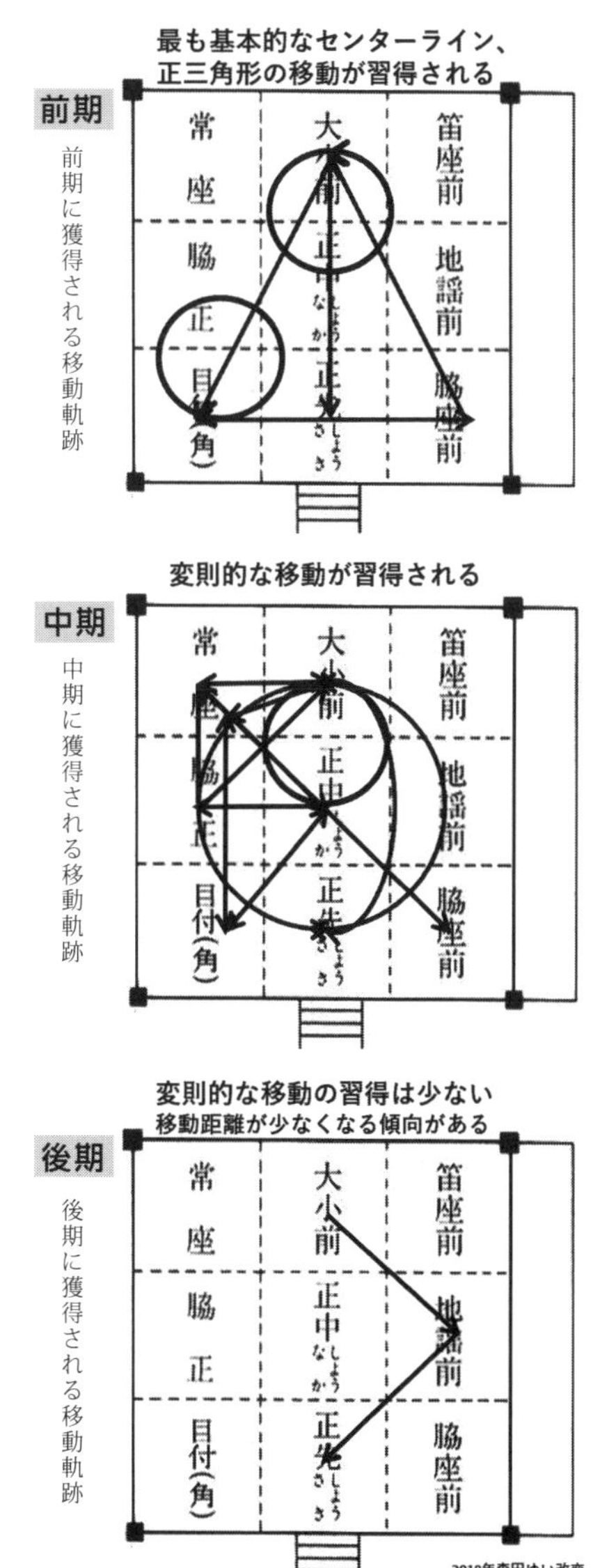

◆本内容を掲載した論文
成田友紀　森田ゆい　植田一博　森田寿郎：2009、身体動作と練習課題に着目した狂言小舞の習得過程分析、「比較舞踊研究」第14・15巻（合併号）：44-56.

2―2．熟達差を検討した動作と呼吸パターンの関係

能楽において「息の使い方」「息のつめひらき」という言葉がしばしば語られるが、ここで述べられる「息」を「呼吸」と捉えて、動作と呼吸パターンの関係について熟達差を踏まえつつ定量的に調べた。

図11は、舞台歴の異なる狂言役者三名が代表的な所作（最も短い動作単元）である巻サシ動作を行った際の呼吸パターンの記録である。曲線の上方向が吸気、下方向が呼気を示している。狂言役者には自分の感覚上での速く・普通・ゆっくりの３速度で巻サシを行っていただいた。

所作の巻サシ動作を３つの動作フレーズに区分し、フレーズの切れ目と得られた呼吸曲線の呼吸相との対応関係に注目したところ、舞台歴10年の役者では、動作フレーズの切れ目と呼吸相とが一致し、動作と呼吸パターンとが一致する傾向があることが分かった。

舞台歴19年の役者では、動作フレーズの変わり目と呼吸相の切り替わりの時点が一致する傾向がみられ、呼吸が動作につられているような現象が起こっているのではないかと推察できた。

一方の熟達者（舞台歴53年）の役者では、動作フレーズと呼吸相との間に舞台歴10年の役者にみられたような対応する関係性がみられず、周期が規則的な呼吸が行われていた。

図11. 所作巻サシ演技中 動作と呼吸のパターン

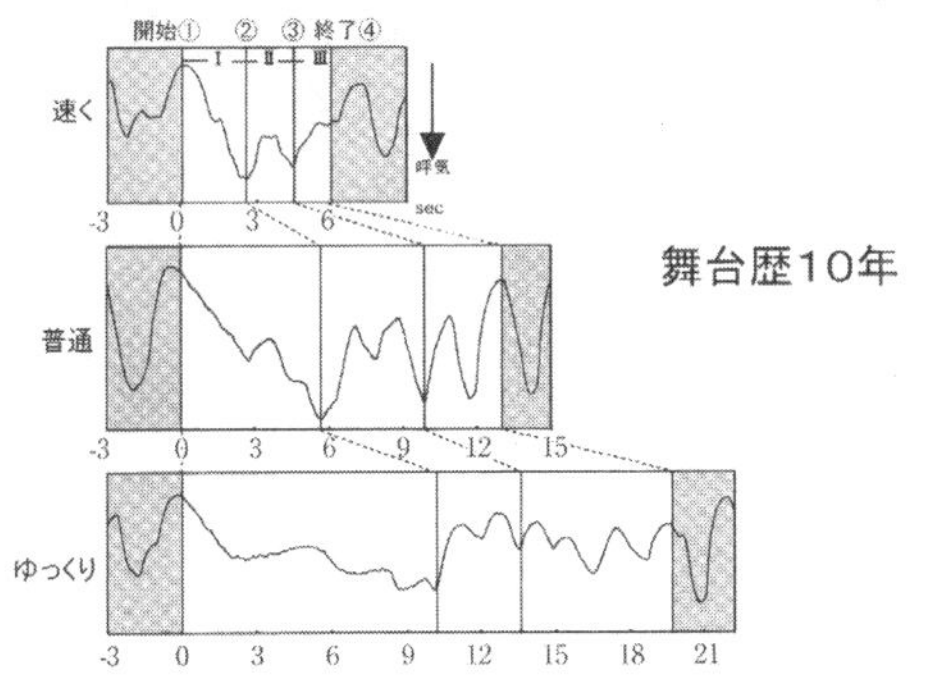

舞台歴10年

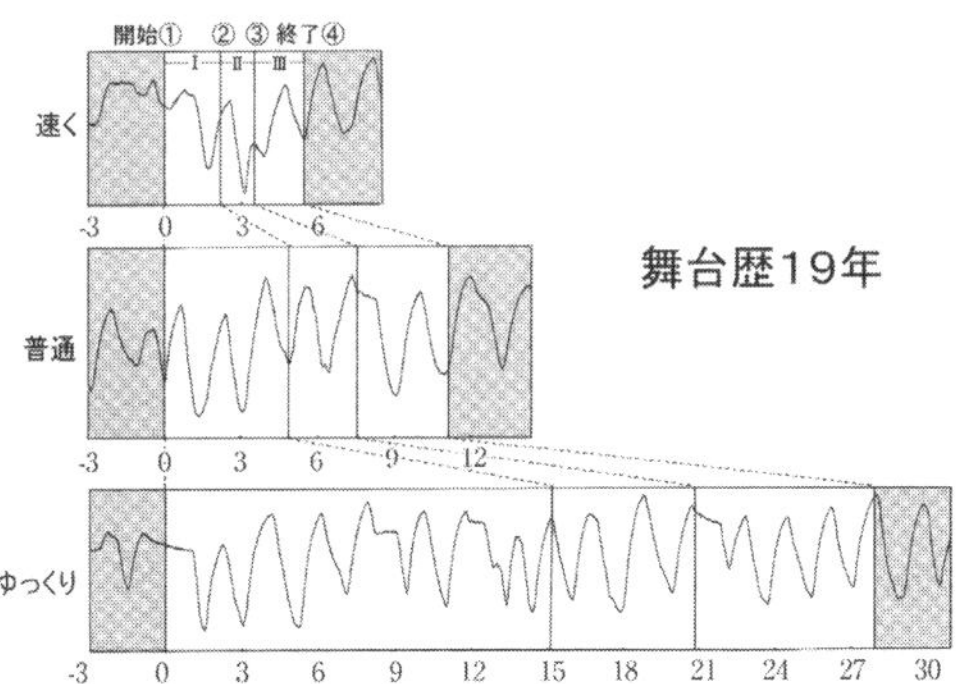

舞台歴19年

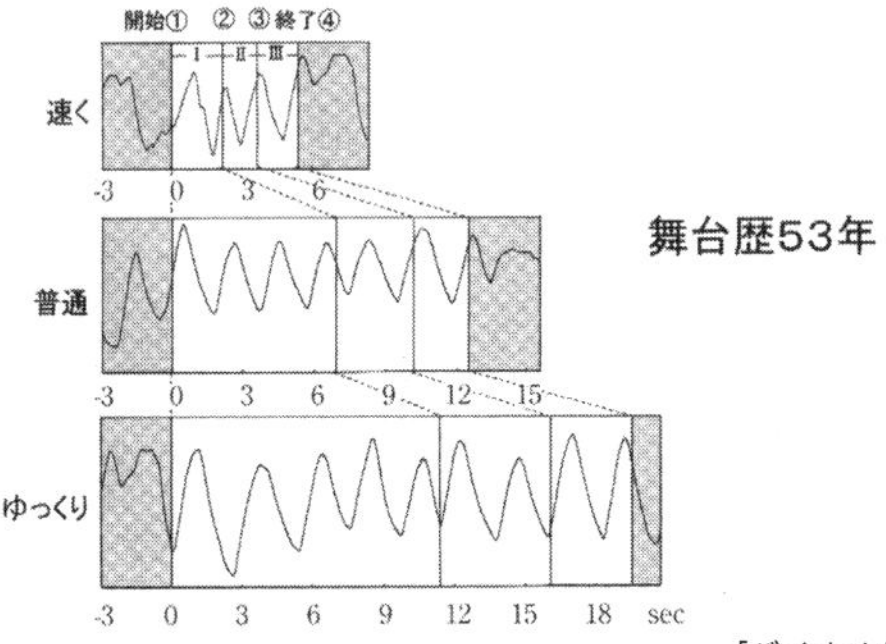

舞台歴53年

「バイオメカニクス研究」9(2) より転載

図１２. 舞台歴55年役者の三番三（三番叟）演技中　動作と呼吸パターン

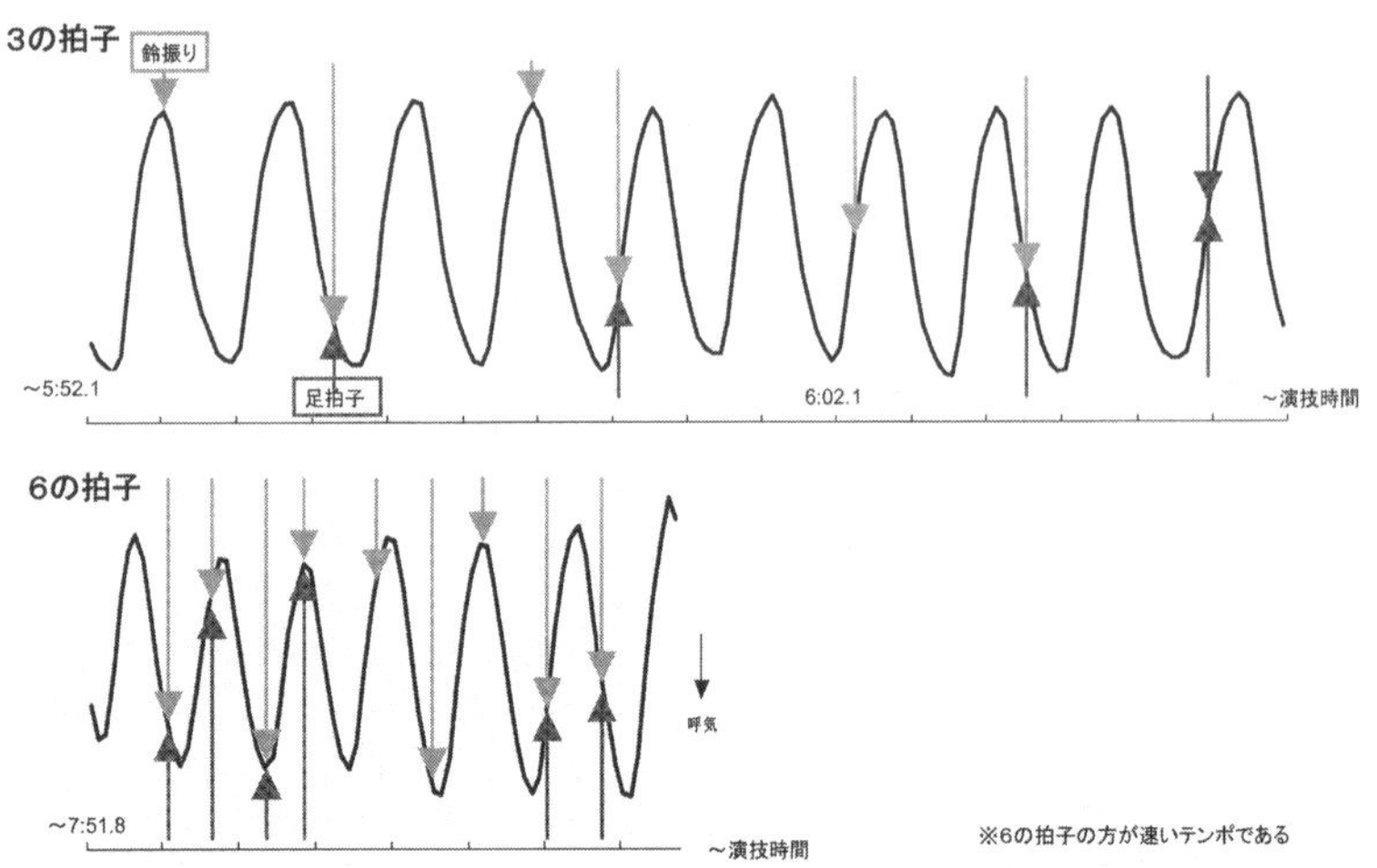

「バイオメカニクス研究」9(2) より転載

この熟達者でみられた動作フレーズと独立して呼気と吸気が規則的に続く呼吸パターンは、図12に示した舞の大曲『三番三』演技中における鈴振り動作や、足拍子との対応関係についても同様であることが確かめられた。つまり、呼吸相の切り替えが、動きや音楽の拍子とは独立していることが確かめられた。

そこでここで得られた動作フレーズと独立した呼吸パターンについて熟達者の実験協力者（現人間国宝）と解釈を試みたところ、世阿弥の説く「離見の見」との関連があるのではないかと考察した。「離見の見」とは、役者は演技をしている時も役に入り込むのではなく、演じている自分を冷静に見つめる観客側の視線を持たなくてはならないという意味で、「演技や役に没入する自分と、それを醒めた目でみつめる自分との二重性に生きることが、すぐれた役者の要件」（松岡・２０００）とも解説される。

すなわちここで得られた熟達者における動作フ

三番三（鈴の段）実験風景

レーズと独立した呼吸パターンは、役の心と役者自身の身体や精神との距離を保つために必要な技法であり、狂言の様式にのっとった「型の身体」が備えた身体技法の一つであると解釈できると考えた。また、役者らによって語られる「息」や「呼吸」という言葉が、生理学的な意味での呼吸を必ずしも表してはいない可能性も考えられた。

◆引用文献：松岡心平：２０００、「能って、何？」p.244、新書館
◆本内容を掲載した論文等
森田ゆい：２０１８、伝統芸能における演技者の生理応答「体育の科学」68（10）：723-728.
森田ゆい　佐々木玲子：２００５、日本の古典芸能にみられる呼吸技法「バイオメカニクス研究」９(2)：138-145.
小林ゆい　森下はるみ：２０００、狂言における基本的動作と呼吸パターンの関係―大蔵流山本家を事例として―「体育学研究」45（１）：77-88.

2―3．ハコビ（歩行）のテンポと熟達差

狂言の演技で最も重要な技術の一つとされるハコビのリズムを探るため、実験的に、舞台の広さの条件を1倍、3/4倍、音楽の条件を1倍、1/2倍、2倍速に変化させ、表4に示した4名の狂言役者にこの6条件（広さ2条件×速度3条件）下で課題の小舞を舞っていただき、その中から舞台の中央奥（大小前）から中央正面（小先）に移動をするハコビを抽出して分析を試みた。

ハコビのステップごとに所要時間が短くなってゆく特徴に注目し、2種類の広さ条件下でハコビを行った際の停止の一歩を除いた全ステップのうちの各ステップごとの%をx軸とした片対数グラフを図13、データをネイピア数eを底とする対数（自然対数）で近似して、得られた対数の係数と決定係数（適合度）R^2値を表5に示した。

表4．実験に協力いただいた4名の狂言役者の情報

実験協力者	初舞台年齢	舞台歴	計測時年齢	身長	体重
Subject A※	5歳	68年	73歳	165cm	65kg
Subject B	5歳	28年	32歳	170cm	85kg
Subject C	6歳	24年	30歳	170cm	67kg
Subject D	23歳	25年	50歳	170cm	71kg

※人間国宝認定者

図13　2種類の条件下におけるステップごとの%をX軸とした片対数グラフ

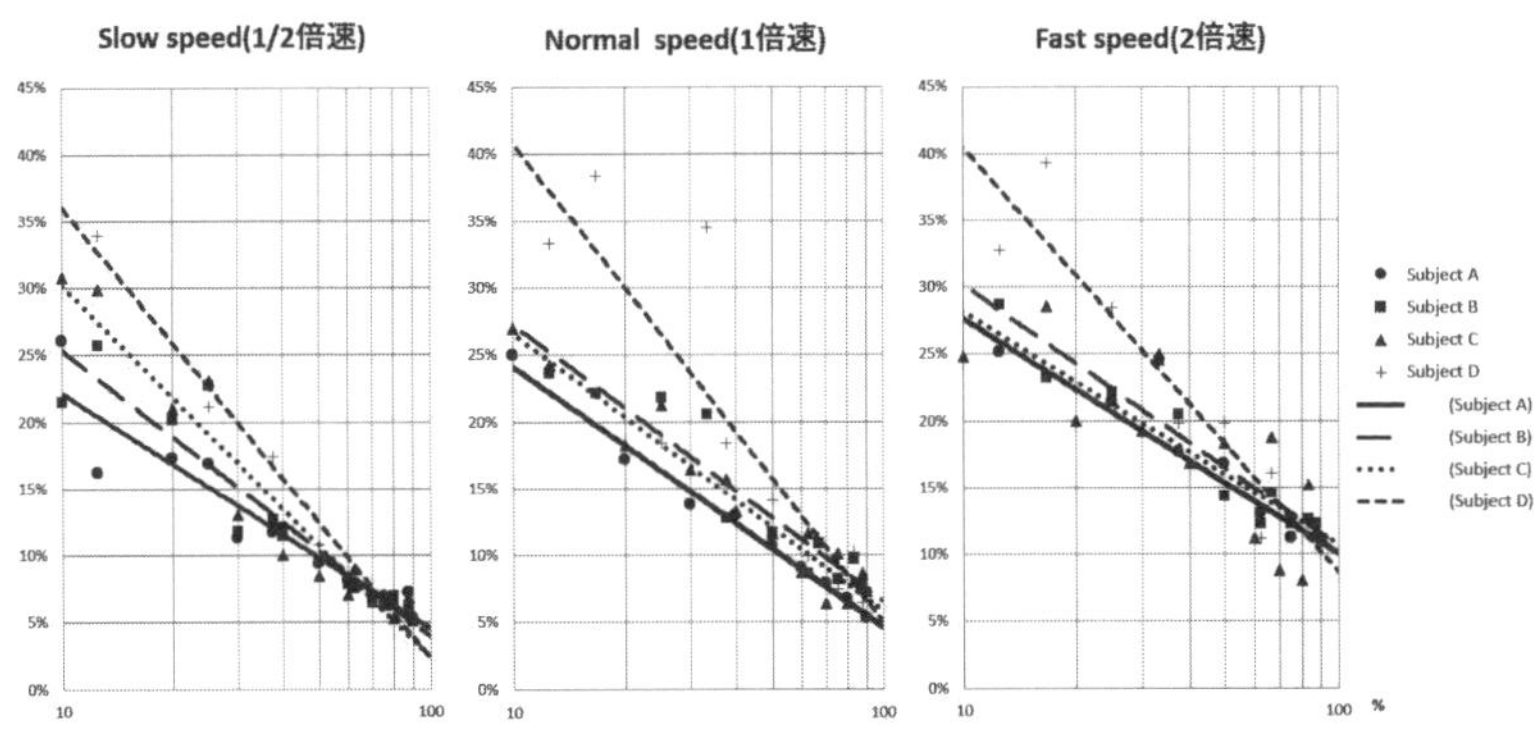

表5．ハコビの対数曲線とR^2値

Subject	Slow(1/2倍速)			Normal(1倍速)			Fast(2倍速)		
A	y = -0.076ln(x) + 0.3972	R^2	0.90	y = -0.084ln(x) + 0.4350	R^2	0.99	y = -0.076ln(x) + 0.4519	R^2	0.97
B	y = -0.093ln(x) + 0.4669	R^2	0.89	y = -0.090ln(x) + 0.4788	R^2	0.89	y = -0.085ln(x) + 0.4968	R^2	0.88
C	y = -0.121ln(x) + 0.5798	R^2	0.93	y = -0.090ln(x) + 0.4728	R^2	0.94	y = -0.076ln(x) + 0.4557	R^2	0.66
D	y = -0.146ln(x) + 0.6970	R^2	0.98	y = -0.155ln(x) + 0.7654	R^2	0.79	y = -0.138ln(x) + 0.7210	R^2	0.91

ここからハコビのステップの所要時間において2歩目から3歩目にかけて所要時間が大きく変化し、4歩目から変化が小さくなるハコビの傾向が、自然対数曲線にマッチングする傾向が認められた。被験者4人の平均で0.88のマッチング率であったが、熟達者であるSubject Aの普通の速度条件での再現度は0.99で、非常に高いマッチング率が得られた。

◆本内容を掲載した論文

Yui Morita・Hitomi Oda・Toshio Morita,2014,Characteristics of actions for sliding walk technique in Japanese traditional performing art：Pursuit for Rhythm of Jyo-Ha-Kyu, "introduction, development, and climax" of Hakobi (sliding walk) from proficiency difference in Kyogen actors" International Journal of HUMAN CULTURE STUDIES, Japan, 24：204-216.

◆参考文献

「日本舞踊　西川流史」著者：丸茂祐佳、西川流宗家、2008年

「能・狂言辞典（新訂増補）」編集委員：西野春雄、羽田昶、平凡社、1987年初版、1999年新訂増補版

「日本思想大系　世阿弥　禅竹」校注：表章　加藤周一、岩波書店、1974年

付属DVD「ようこそ伝統芸能の世界 The World of Japanese Traditional Performing Arts」について

巻末に付属のDVDは、各芸能を紹介することを目的として制作しました。インタビュー取材の一部、および研究報告の視線追尾実験の一部も収録されており、和文・英文2種類のテロップを付けています。出演者ならびに撮影情報は次の通りです。

能楽 シテ方 金春流　四世櫻間金記　政木哲司　柴山暁
撮影／二〇一八年九月二十三日　野村濤々会

能楽 狂言方 大蔵流　四世山本東次郎（人間国宝）
撮影／二〇一八年三月七日　杉並能楽堂

能楽 囃子方　小鼓方大倉流十六世宗家　大倉源次郎（人間国宝）　大倉伶士郎
一調　宝生流シテ方　辰巳満次郎
撮影／二〇一八年八月十七日　国立能楽堂

文楽 太夫・三味線　竹本錣太夫（当時：津駒太夫）　鶴澤寛太郎
撮影／二〇一八年二月二十一日　国立劇場稽古場

文楽 人形 吉田勘彌　桐竹紋臣　吉田簑紫郎　桐竹勘次郎　吉田簑之
撮影／二〇一八年六月二十九日　国立劇場稽古場

日本舞踊（歌舞伎舞踊）　十世西川扇藏（人間国宝）　西川祐子　西川扇文女　西川征七海　小野正道
撮影／二〇一七年九月四日、五日　宗家西川流稽古場

地唄舞 堀派神崎流二世家元　神崎貴加江　神崎貴文　増田眞知子
撮影／二〇一八年三月五日　堀派神崎流家元稽古場

（敬称略）

なお、能楽シテ方については、本書のインタビューでご協力を賜った関根祥雪先生が逝去されたため、映像では櫻間金記先生にご協力を賜りました。

視線追尾計測実験：森田寿郎　慶應義塾大学森田研究室より
青木駿成　足立大樹　坂上竜馬

監　修：森田ゆい
制　作：森田ゆい　森田寿郎
映像制作：Jリポート
英訳テロップ：F&I Translations

＊収録時間 合計121分
＊このDVDは一般家庭での私的利用を目的としています。権利者の許諾を得ずに、複製、改変、ネットワーク等を通じて放送できる状態にすることは法律により禁じられています。
＊なお、図書館等での非営利無料の貸出しに利用することができます。利用者から料金を徴収する場合は、著作権者の許諾が必要です。

写真提供：前島吉裕
「幽玄」を理想とする理論をつくる

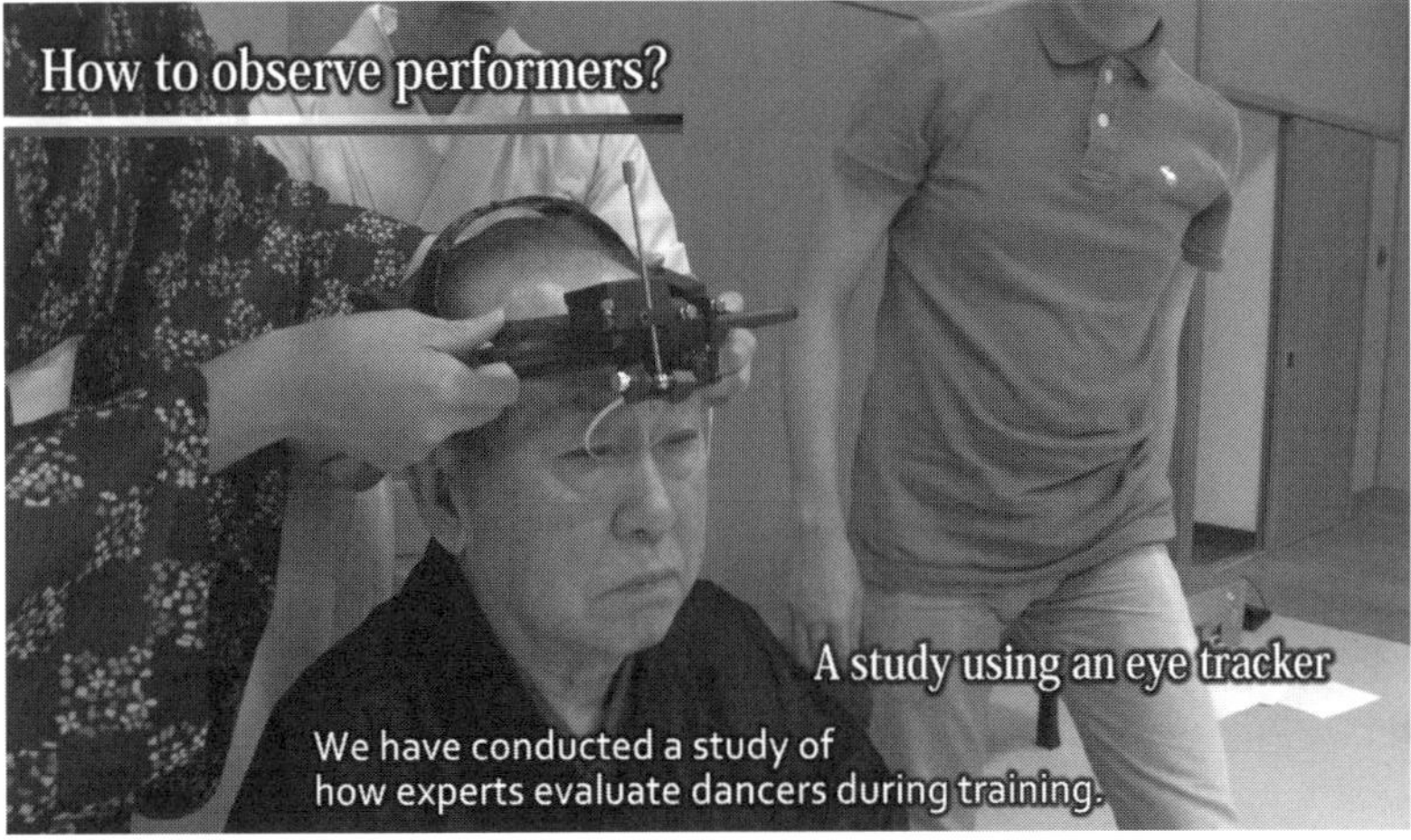
How to observe performers?
A study using an eye tracker
We have conducted a study of
how experts evaluate dancers during training.

あとがき

私が伝統芸能を意識したのは、米国の小学校で唯一の日本人として過ごしたときに「自国の文化を知っておかなければ」と感じた原体験が始まりでした。帰国直後にテレビで見た四世井上八千代の地唄舞（京舞）は、派手な動きはないものの不思議な魅力にあふれた舞でした。

西洋のダンスを習い、ダンサーに憧れていた私ですが、高校生の頃から「動かずに多くを語る表現をするには、どのような身体動作がよいのか」ということを考えるようになっていました。大学に進学した頃にはダンサーになる夢を諦めていましたが、そのときに能・狂言に出逢いました。能・狂言の身体は「動かないことで観客にイメージを想像させる」もので、大変なショックを受けました。自分の目指している身体表現が、室町時代から存続していたことを知ったからです。

大学卒業後、お茶の水女子大学大学院舞踊教育学科（現 芸術・表現行動学科）動作学研究室に進学しました。身体運動を研究している森下はるみ先生からご指導を受け、能よりも多様な動作が演じられる狂言の身体性に興味を覚えました。そこで、大蔵流狂言方の山本東次郎先生とご一門の身体を計測実験させていただくなどの研究を積み重ねてきました。

この本は、東次郎先生の「これらの結果を次世代に伝えてください」というお言葉をきっかけに誕生しました。東次郎先生とのご縁は、羽田昶先生（当時、東京国立文化財研究所芸能部室長。現在、武蔵野大学客員教授・能楽資料センター研究員）がご紹介くださったことによります。東次郎先生は一学生であった私の「狂言役者の演じる身体を計測してみたい」という願いを聞き入れてくださり、一門の皆さまと共に全面的にご協力くださいました。以降の私は、山本家の狂言、伝統芸能の舞台、伝承者の先生方、伝承者の世界に育てていただいたように思います。

残念ながら日本は外国と異なり、学校教育の中で自国の伝統芸能を体験的に学ぶ機会が大変に少ないと言えます。そこで、伝統芸能の普及を目的に、教員・研究者・実演家の先生方とともに、二〇〇二年、ＮＰＯ法人日本伝統芸能教育普及協会 むすびの会を立ち上げました。そして、実演家の先生方を学校へ派遣するなどの活動をして参りました。本書にご登場いただいた先生方の多くが、この会に設立時からご協力くださっています。

本書の完成を待たずに逝去された関根祥雪先生はじめ、ご協力を賜りました実演家の先生方には、深謝申し上げます。

また、薫風社の三橋初枝様の辛抱強い応援がなければ、本書は完成することはありませんでした。動画を制作いただいたＪリポートの伊東満様・河野聡子様にも一角ならぬお力添えを賜りました。写真家の神田佳明様ほか、関係各位の皆様方にも心より御礼を申し上げます。

本書をきっかけとして伝統芸能や日本の文化に何かしらの興味を抱き、舞台を見に行くなど生活の中に日本文化を取り入れる方が増えましたら何よりの喜びといたします。

二〇二〇年　二月

森田　ゆい

本書の作成にあたり、左記の方々にご協力を賜りました。
ここに重ねてお礼申し上げます。

観世銕之丞
観世陽子
関根治美
辻井清一郎
波照間永子
藤田貞枝
三浦裕子
安福光雄
脇　明子
（敬称略）

＊本書籍の一部および映像作品は、JSPS 科研費
JP17K02401 と JP17K01641 の助成を受けたものです。

著者プロフィール
森田ゆい
お茶の水女子大学 大学院修士課程修了
NPO 法人 日本伝統芸能教育普及協会むすびの会
事務局長　兼任理事
東京立正短期大学 専任講師
学習院女子大学「伝統文化論」「和の身体技法」、
明治大学「日本舞踊」非常勤講師

ようこそ伝統芸能の世界
── 伝承者に聞く技と心 ──
The World of Japanese Traditional
Performing Arts
2020年4月8日　第1刷発行
著　者　森田ゆい
発行者　三橋初枝
発行所　㈱薫風社
〒 332-0034 川口市並木 3-22-9
TEL 048-299-6789
http://www.kunpusha.com
装丁・デザイン　猪瀬冬樹
印刷・製本　㈱ワイズ

ISBN 978-4-902055-39-9